Lieutenant VASSEUR (Louis-Marie)

(1879-1910)

VERS
BIR-TAOUIL

SOUVENIRS

ET

JOURNAL DE MARCHE

DU

✝ **Lieutenant VASSEUR (Louis-Marie)**

Officier de cavalerie hors cadre, au bataillon indigène du Tchad,
tué à l'ennemi à Bir-Taouil (Ouadaï) le 4 Janvier 1910.

———

PARIS

IMPRIMERIE E. CAPIOMONT ET Cie

57, RUE DE SEINE, 57

—

1912

NOTICE

Par suite de circonstances indépendantes de notre volonté, ce petit opuscule ne paraît pas à son heure. Nous aurions voulu le produire quelques mois après le tragique événement qui a coûté la vie à notre excellent Louis VASSEUR.

L'intérêt en eût été plus vif, les regrets eussent été plus amers encore... peut-être. Nous l'offrons malgré tout, tel qu'il est, dans sa simplicité, convaincus qu'il restera comme un précieux et douloureux document pour ses parents, ses amis et les personnes qui ont connu notre cher Louis.

Signé : LA FAMILLE.

A M. le Général LYAUTEY,

A M. le Lieutenant-Colonel FÉRAUD,
AU 2ᵐᵉ CHASSEURS D'AFRIQUE.

A SES CHEFS,
SES AMIS, CAMARADES ET SUBORDONNÉS.

BIOGRAPHIE

Louis Vasseur naquit à Bar-le-Duc, la vieille cité lorraine, qui, outre Oudinot et Exelmans, les plus illustres, a donné bon nombre de ses enfants, pour la défense de la patrie. La première partie de son enfance s'écoula, calme et paisible, dans la grande maison de la rue du Tribel, que la famille, comptant déjà trois enfants, habitait au moment de sa naissance. Il fit ses premiers pas dans le vaste jardin qui dévale vers la ville basse et ses yeux s'habituèrent de bonne heure, à contempler le bel horizon, qu'on découvre du haut de la large terrasse. Plus tard, la famille s'installa à Rembercourt-sur-Orne, dans une charmante propriété, située à quelques kilomètres de la ville. Dans les grandes allées du parc, qui entoure la maison, il apprit, jeune garçon, à monter à bicyclette et souvent, nous le revoyons, en imagination, pédalant à fond de train et rivalisant d'adresse avec son plus jeune frère Paulin enlevé lui aussi par une mort prématurée. La famille était alors au complet et les parents avaient le bonheur, pendant les vacances annuelles, d'être entourés de leurs six enfants et de leur gendre, professeur de mathématiques au Prytanée militaire, mari de la fille aînée.

Cette dernière n'oubliera jamais qu'elle a porté dans ses bras son frère Louis, qu'elle l'a endormi avec ses chansons, qu'elle lui a donné les mille tendres soins « d'une petite mère » désireuse d'éviter quelques fatigues à la mère de famille. Louis suivit les cours du lycée de Bar-le-Duc. Il y fit de bonnes études couronnées par l'obtention du baccalauréat-ès-lettres, 1re partie, et du baccalauréat-ès-sciences. Durant cette période, il avait eu une grande joie. Son père lui fit connaître Paris et le conduisit au Havre. La vue de la mer, le mouvement du port, la traversée traditionnelle du Havre à Trouville remplirent d'enthousiasme notre jeune lycéen. A son retour il déclara à sa famille qu'il voulait être marin et ce souhait peut nous expliquer peut-être la dernière partie de son existence. Dans la même période il eut une grande douleur ; le père, qui lui avait procuré cette joie, s'alita et mourut peu après, ravi trop tôt à l'affection des siens. Pendant ces moments douloureux, il montra son dévouement filial et aussi une grande force de volonté. Installé près du lit du malade, il était attentif à son moindre désir, toujours prêt à le servir, à lui adoucir ses souffrances, et dès qu'il le pouvait, il se remettait au travail, devant, quelques semaines après, passer les examens du baccalauréat. Caractère énergique, il sut concilier ces deux devoirs. Une fois bachelier, il fallait choisir une carrière. Il opta pour l'armée.

En vue de la préparation à l'École de Saint-Cyr, il entra au Prytanée militaire de la Flèche, où durant huit ans son beau-frère avait professé.

Il y séjourna deux années qui furent douces pour lui, car, en plus d'une excellente préparation théorique et pratique, il trouva à la Flèche de bons camarades et de chaudes affections. Dans cette école, on garde, gravés dans le marbre, les noms des anciens élèves morts au service de leur pays. Hélas ! dix ans après sa sortie, son nom devait s'ajouter à cette liste déjà longue. En entrant à Saint-Cyr, il avait l'intention, si possible, de choisir l'infanterie coloniale. Toutefois les leçons d'équitation reçues au Prytanée avaient développé en lui le goût du cheval et ses notes le lui permettant, il passa dans la Section de cavalerie. Sorti de l'École en 1902, il était affecté, après une année passée à Saumur, au 3ᵉ hussards, à Verdun. Il avait voulu revenir dans son pays meusien. Nous avions alors de fréquentes occasions de le voir et de causer avec lui. Dans toutes ses conversations se manifestaient son amour du métier, son patriotisme, son désir de bien instruire ses hommes tout en se faisant aimer par eux. Les courses l'intéressèrent aussi et souvent le succès récompensa ses efforts. Cette vie militaire active dans une ville frontière, la société de joyeux camarades, le voisinage de sa famille, tout contribuait à lui rendre agréable le séjour dans l'Est. Aussi, son entourage fut-il quelque peu étonné quand il annonça son intention de voir des contrées nouvelles et de servir dans un régiment d'Afrique. Il revenait ainsi, d'une façon détournée, à l'idée qu'il avait eue, de faire sa carrière dans l'infanterie coloniale. Il obtint très vite sa mutation et fut envoyé comme lieutenant au 2ᵉ chasseurs d'Afrique. C'était l'éloignement, et c'est avec une certaine tristesse que nous le vîmes rejoindre sa nouvelle garnison. Mais cette impression s'effaça bientôt, car l'Algérie est le prolongement de la France et chaque année nous avions le plaisir de le revoir, plein de santé, de gaîté, d'entrain.

Il adorait sa nouvelle vie et, en termes pittoresques, il nous racontait son existence à Aïn-Sefra, dans le Sud-Oranais, ses campements sous la tente, les mœurs des Arabes. Il se sentait vivre à l'aise, sous le beau ciel algérien. Un de ses chefs, le général Lyautey, un enfant de notre Lorraine, s'étant pris d'affection pour lui, lui fournit aussi l'occasion d'étudier le pays, de s'instruire d'une façon pratique. C'est avec émotion et reconnaissance qu'il a, maintes fois, devant nous, évoqué le souvenir de son général si, justement, aimé et respecté. Quand la situation se compliqua au Maroc, il était en France, en permission. Il s'empressa de regagner son poste sans attendre un ordre d'appel. « Pourvu qu'on ne parte pas sans moi, » nous répétait-il sans cesse avant de prendre son train. Il arriva à temps pour prendre part aux opérations contre les Beni-Snassen. C'est là qu'il entendit siffler de vraies balles ; c'est là que, dans les missions qui lui furent confiées, il montra que pour être digne d'un commandement, il faut savoir résister à l'emballement, au désir de se ruer sur l'ennemi, le sabre à la main. La campagne terminée, il quitta Oudja et fut détaché à Oran. Mais cette vie active et mouvementée avait agi sur lui et bientôt il fit des démarches pour servir en Mauritanie sous les ordres du colonel Gouraud. Elles n'aboutirent pas tout d'abord et souvent, alors nous le vîmes dépité, énervé par l'attente à laquelle on le soumettait. Enfin la nomination tant souhaitée arriva; il était désigné pour le bataillon du Cheri-Tchad. Il nous quitta, après avoir fait gaîment ses préparatifs de départ, au mois de mai 1909. A ce moment là, des larmes furent dissimulées, des douleurs furent cachées. C'était peut-être le dernier baiser qu'on échangeait. Notre cher officier saisit toutes les occasions de nous donner de ses nouvelles. En lisant ses cartes postales, ses lettres qui faisaient le tour de la famille, on était pris, par la bonne humeur avec laquelle il narrait les différentes péripéties de son long voyage, et peu à peu on oubliait les dangers qu'il pouvait courir. Nous apprîmes ainsi son arrivée à Fort-Crampel, où il rencontra un ancien élève du Prytanée, à Fort-Lamy, et de là son départ pour Abecher. Il nous fit part aussi de sa mission au Dar-Sila, où il eut l'impression très nette d'avoir évité la mort, grâce à son audace, à son sang-froid. Il en revint avec la certitude que si la tâche était belle, elle n'était pas sans danger et que l'on avait autour de soi des populations fourbes, cauteleuses, détestant l'Européen. La dernière lettre écrite par lui nous annonça son départ pour le Massalit. Le sachant en bonne santé et bien renseigné sur le caractère des habitants, heureux aussi de servir la cause de la civilisation dans ᴄᴇs lointaines contrées et de travailler pour la plus grande France, notre confiance en l'avenir renaissait et déjà nous comptions les mois qui devaient s'écouler avant son retour.

En janvier, sa sœur, la plus jeune enfant de la famille, se mariait. Au repas, un ami n'oublia pas le frère absent ; les verres furent levés et l'on but à sa santé. Hélas ! à cet instant, il n'existait déjà plus ! Quelques semaines après, une nouvelle officielle nous apprenait que la colonne française commandée par le capitaine Fiegenschuh, les lieutenants Delacommune et Vasseur avait été massacrée à Bir-Taouil le 4 janvier 1910. Je ne veux pas revenir sur les angoisses de cette époque. Que de suppositions n'avons-nous pas faites ? Quelquefois on espérait encore malgré l'évidence. Il fallut cependant s'incliner devant la réalité. La pauvre mère reçut de nombreuses lettres de condoléances, lettres de supérieurs, d'amis, de camarades de l'armée. Toutes rendaient hommage à notre cher disparu et l'appréciaient comme il le méritait. La ville de Bar-le-Duc fit célébrer un service funèbre dans l'église Saint-Antoine ; le

capitaine Rivière, délégué du ministre de la guerre, déposa sur
le catafalque la croix de la Légion d'honneur. La mort de notre
tant regretté Louis toucha vivement et sincèrement tous ceux
qui l'avaient connu. Une fillette de 12 ans, apprenant le
malheur, éclata en sanglots et s'écria : « Oh! pauvre Louis
Vasseur, il était si gentil! » Oui! mon cher Louis! tu étais si
gentil et la petite Antoinette a trouvé le mot simple et juste à la
fois. Te connaître, c'était t'aimer. Tes permissions étaient toujours trop courtes au gré de tous ceux qui auraient voulu te
garder longtemps, ton arrivée était attendue avec impatience,
ton départ regretté et souvent pleuré. Tu as rempli ta destinée
et tu es mort pour ton pays! Certes, c'est une belle mort que
tous les vrais soldats envient, mais en partant si tôt, mon bien
cher Louis, tu as sans le vouloir causé une profonde douleur
à tous ceux qui t'aimaient, tu leur as laissé au cœur une plaie
qui saignera longtemps, qui jamais ne pourra complètement se
fermer.

Louis MÜLLER.

AVANT-PROPOS

Le 15 février 1910, une tragique nouvelle parvenait en France de l'Afrique centrale. Une troupe française était tombée dans un des plus effroyables guet-apens que notre armée coloniale ait connus depuis la trop fameuse surprise de Tombouctou. Une compagnie sénégalaise avait été attaquée et presque totalement détruite aux alentours d'Abécher, capitale de l'Ouadaï, qui se trouve à 600 kilomètres à l'est du lac Tchad. Cette ville avait été occupée, à la suite d'un raid très brillant, vers le milieu de 1909. L'Ouadaï avait été placé, par l'accord franco-anglais de 1889, dans notre sphère d'influence et, depuis 10 ans, nous n'avions cessé d'en conquérir, les unes après les autres, les différentes parties.

Le désastre de cette colonne nous coûta trois officiers : le capitaine Fiegenschuh, de l'infanterie coloniale, le lieutenant de l'artillerie coloniale Delacommune, le lieutenant de cavalerie Vasseur, le sergent d'infanterie coloniale Bérenger et le maréchal des logis Breuillac; 101 tirailleurs et des partisans en nombre inconnu.

Ce carnage, qui est un des plus épouvantables dont les annales coloniales fassent mention, impressionna douloureusement l'opinion publique.

M. V.

VERS BIR-TAOUIL

A bord de l' « *Afrique* », 16 juin 1909.

Embarqué le 27 mai, à Pauillac, à peine dans le golfe de Gascogne, nous avons été secoués très violemment par une mer démontée dans laquelle l'avant du bateau disparaissait par moment.

C'était impressionnant; jamais je n'avais vu un spectacle aussi superbe; malheureusement l'estomac s'en ressentait, et malgré les efforts les plus louables, il m'a été impossible, pendant deux jours, d'absorber quoi que ce soit sauf dans la position couchée.

Ce n'est que le lendemain soir, que la mer s'étant apaisée, on a pu faire connaissance entre passagers. Je trouve un sous-lieutenant de coloniale qui remontera avec moi jusqu'au Tchad et trois ou quatre commerçants ou administrateurs qui iront jusqu'à Bangui, quatre sous-officiers également, dont deux de cavalerie, vont aussi au bataillon indigène du Tchad.

Jusqu'au 3 juin, nous filons sans voir la terre; mais tous les jours, à midi, on peut voir sur une carte le point de la mer où le bateau se trouve, ce qui permet de se rassurer, si l'on craignait, à se voir toujours entouré d'eau de tous côtés, d'être égaré au milieu de l'océan.

Pendant ces six jours de pleine mer, on passe son temps à lire, causer, bien dormir, et surtout beaucoup. Des dames organisent un soir une tombola au profit des matelots et des associations de secours aux matelots. C'est une occasion pour entendre un petit concert de piano, violons, quelques chansonnettes ou monologues, et c'est surtout l'occasion pour ces dames de sortir de leurs malles... des toilettes. Car voyagent avec nous des femmes de fonctionnaires du Congo, de la Guinée, du Sénégal, etc. Mais leur présence ne nous oblige pas heureusement à une tenue trop select. Le soir on mange en tenue de drap ou de toile blanche, les civils en jaquette. Le smoking n'est pas porté. Sur les bateaux belges où la société est très cosmopolite, l'habit est de rigueur.

Le 3 juin nous arrivons à Dakar; je fais connaissance avec la population nègre. La première impression n'est pas désagréable; mais ce qui me frappe tout de suite, c'est que les nègres ne sont pas dressés à l'égard de l'Européen comme nos Arabes d'Algérie. Ici les nègres sont électeurs, paraît-il, et ils le savent. Beaucoup d'activité malgré la chaleur qui commence à être assez forte, sous un soleil implacable. Le commerce français de nos produits manufacturés me semble très bien marcher, à en juger par les grands magasins très bien achalandés, où on peut trouver tout ce que l'on veut à des prix abordables. Je fais connaissance aussi avec les tirailleurs sénégalais, mes futurs soldats du Tchad. Notre bateau en embarque un assez grand nombre; on les hisse tant bien que mal avec leurs femmes et leurs enfants; car, ils ne s'en séparent jamais; le tout fait sur le pont du bateau un fouillis, criant, gesticulant, vêtus de cotonnades et lainages aux couleurs les plus criardes. Ils s'installent comme ils peuvent au milieu des cordages, des treuils, des canots et passeront là les 20 jours de traversée qui restent à faire, et cela, malgré le temps qu'il pourra faire.

A peine quitté Dakar nous avons une avarie de

machines, qui d'ailleurs va nous contrarier pendant tout le reste de la traversée et retarder de trois jours notre arrivée. On essaie une réparation de fortune et on diminue la vitesse.

Arrivé à Konakry le 5, nous y prolongeons notre séjour pour achever la réparation. La chaleur est intense; nous n'avons plus la brise produite par le déplacement du bateau, aussi la nuit est pénible. Je profite de cette escale pour visiter Konakry, la ville la plus coquette et la plus pittoresque de nos colonies d'Afrique. C'est une série de villes enfouies dans la verdure; les rues sont larges et suivies par de petits wagonnets Decauville qui remplacent ici les voitures et sont les vrais moyens de locomotion en même temps que des pousse-pousse, genre annamite.

Grand-Bassam et Cotonou où nous passons ensuite sont défendus du côté de la mer par une barre infranchissable à toute embarcation. Aussi il m'est impossible d'avoir idée de ces villes autrement que par ce que j'en vois de ma jumelle. L'embarquement ou le débarquement se fait à l'aide de grues qui, placées à l'extrémité d'une jetée construite jusqu'au delà de la barre et la coupant perpendiculairement, permettent d'enlever les passagers dans des nacelles, genre nacelles de ballons. Mais malgré ce système le débarquement n'est pas commode, les lames au large sont encore fortes et les embarcations qui accostent sous la grue dansent une danse vertigineuse. Et par moment aussi des vagues hautes de 6 à 7 mètres balaient le dessus du warf (jetée). Ce phénomène de la barre nuit énormément au commerce de ces charmantes colonies si luxuriantes que nous avons sur la côte du golfe de Guinée.

Notre bateau à ces différentes escales laisse pas mal de ses passagers; mais la majorité va jusqu'à Matadi.

Après Grand-Bassam, nous passons dans les régions éprouvées en ce moment par la saison des pluies, et cela dure jusqu'à l'Équateur.

Aussi tous les jours nous sommes gratifiés d'une ou deux tornades qui tempèrent un peu la chaleur tout à fait tropicale. Ça ne tombe pas longtemps, mais avec une force extraordinaire; les toiles sont traversées impitoyablement et les malheureux indigènes, qui cherchent dessous un abri, prennent quand même un bain tiède.

A Libreville (Gabon), les tornades cessent, ils sont déjà en saison sèche, c'est-à-dire la saison la plus agréable sous tout rapport. Libreville, où j'ai à peine le temps de passer une heure pour y mettre des cartes à la poste et jeter un coup d'œil, est également une jeune ville qui ne demande qu'à s'étendre et à s'agrandir. Adossée à la forêt tropicale, elle est bâtie tout entière en bordure de la mer et constituée exclusivement de maisons, genre chalets suisses, montés sur pilotis et où les appartements sont entourés de larges vérandas. Les palmiers, les cocotiers donnent à cet ensemble un cachet très pittoresque de villas de plaisance. A 100 mètres du bord de la mer, on tombe dans la forêt tropicale et la brousse absolument impénétrée sinon impénétrable, habitée par toute la faune des tropiques : buffles sauvages, antilopes, perroquets, etc.

Après Libreville nous suivons presque tout le temps la côte que nous ne perdons à peine de vue. Nous passons l'Équateur par une après-midi des plus tempérées (le 14 juin). Entre passagers on s'amuse à se jeter des seaux d'eau dans la figure ou dans le dos. C'est une lutte très amusante. Les passagères n'y échappent pas et sont encore plus enragées que les hommes. On en est quitte pour aller se changer et rire un peu.

A cap Lopez le 15, nous faisons escale une journée

entière pour y débarquer quelques tonnes de produits et denrées françaises. Petit groupe de factorerie dans le genre de Libreville ; c'est encore un coin appelé à un bel avenir le jour où les Français se décideront à coloniser. Et, cependant, ceux qui sont ici font d'excellentes affaires et sont très actifs. Mais malheureusement ils ne sont pas encore assez nombreux. Que d'énergies restent improductives en France; alors qu'ici, il suffit de vouloir se baisser pour ramasser la fortune et dans des conditions de bien-être et de confortable tout à fait suffisantes. Mais en France on est tellement attaché à son coin de terre, et on a si peur de l'au-delà des mers!!!

Je termine ici cette petite relation ; demain soir à Matadi je joindrai une carte postale à cette lettre; car je n'aurai pas le temps d'écrire longuement, étant données les opérations longues de débarquement sur le chemin de fer belge.

Brazzaville, 23 juin 1909.

J'ai pris contact ce matin avec le colonel commandant la province.

J'embarquerai le 29 seulement sur *le Congo* pour le Tchad; car le prochain bateau est déjà plein d'officiers et sous-officiers qui vont monter dans l'Oubanghi où il y a quelques incidents avec les noirs. Mais tranquillisez-vous, au Tchad rien ne bouge et l'occupation s'organise très sérieusement. A 800 kilomètres de Brazzaville il y a eu ces jours-ci des incidents un peu sanglants ; mais cette effervescence est purement locale et due surtout au manque d'organisation et à l'administration civile qui n'arrive pas à faire rentrer l'impôt.

Depuis mon débarquement à Matadi, peu d'événements intéressants; mais quel pays curieux et pittoresque !

D'abord c'est le Congo immensément large, aux eaux profondes, rouges sales. Sur les rives la forêt tropicale, épaisse et profonde. Des cases de nègres semées dans les clairières. Sur l'embouchure du Congo : Boma, capitale du Congo belge, offre l'aspect d'une ville de bain de mer avec tramways, régates, hôtels, villas. Puis Matadi moins confortable, mais aussi pittoresque, perché sur la montagne. De là on va à Brazzaville par le chemin de fer de la Compagnie Meusienne; le train marche à peu près aussi vite, s'arrête toutes les demi-heures pour faire de l'eau, traverse tantôt la forêt tropicale, tantôt de vastes plaines couvertes de hautes herbes; malheureusement ce pays, autrefois rempli d'animaux de toutes sortes, a été déserté tout au moins le long de la voie ferrée. Pas même un oiseau, et cependant ce pays est riche en éléphants, antilopes, bœufs sauvages, etc. La température se rafraîchit, car nous nous élevons sur une chaîne de montagnes. A la fin de la première journée de chemin de fer, nous nous arrêtons au soir à Thysville, le point culminant, petite ville belge où nous trouvons un grand hôtel très confortable. Nous y passons la journée du dimanche et le lendemain après 10 heures de chemin de fer nous arrivons à Kinshassa, petit port belge sur la rive gauche du Congo. Nous traversons sur un petit vapeur; nos bagages sont jetés tant bien que mal dans des chalands au milieu des cris, des bousculades des nègres.

Nous arrivons le 21 juin à Brazzaville.

Brazzaville, notre capitale du Congo, aux constructions encore rudimentaires, faites de planches, de pailles, de seccos, s'étend sur la rive droite du grand fleuve, peu loin des chutes que l'on entend en aval.

Peu d'officiers dans un grand camp où restent une trentaine de tirailleurs. Nous sommes logés dans des baraquements au milieu du camp planté de grands arbres. Il fait une température délicieuse. La nuit, le thermomètre tombe à 20-22°. Le jour, il ne passe pas à plus de 27 (à l'ombre). Nous sommes en pleine bonne saison, la saison sèche. Presque toute la journée le ciel est couvert de nuages qui servent d'écran aux rayons du soleil. Mais on porte quand même le casque, car même à travers ces nuages les rayons sont dangereux. On mange mal, quoique avec beaucoup d'appétit, car ici il n'y a pas de boucherie; on ne trouve que difficilement du porc ou de l'hippopotame. On ne faisait pas d'élevage jusqu'alors. L'administration militaire a acheté dernièrement un troupeau de vaches, genre hollandaises. On ne sait pas si elles vivront bien; car la mouche tsé-tsé, paraît-il, les affectionne particulièrement. A propos de mouche tsé-tsé, il y a beaucoup d'exagération. Elles sont nombreuses; mais ne sont pas forcément infectées; et même le seraient-elles qu'on n'attrape pas pour cela la maladie du sommeil. Cette maladie donne sur les gens déjà anémiés ou alcooliques. Et si tous les Européens piqués en souffraient, il n'existerait pas un être vivant ici. Beaucoup de moustiques le soir. La nuit on couche avec une moustiquaire qui entoure le lit comme d'un dé et on est tranquille.

Je ne regrette rien de ce que j'ai emporté comme vivres, effets, objets d'ameublement, car tout ici est horriblement cher. La pension revient à 7 francs par jour et on ne mange guère que des conserves.

En revanche, au Tchad c'est, paraît-il, le pays de Cocagne. La vie y est large, bon marché, le climat excellent.

Déjà bien organisé le pays est intéressant. Avan-

tage énorme, on n'y trouve que l'administration militaire et ses avantages, au point de vue de la discipline
des indigènes [1].

Ce soir nous devons nous présenter chez le gouverneur général.

De Brazzaville on prend un vapeur, assez confortable, qui en raison des hautes eaux va jusqu'à Bangui.
Pendant 12 jours on remonte lentement le cours de
ce fleuve immense aux eaux rouillées des alluvions
qu'il apporte du centre africain inondé. Tantôt on
côtoie la forêt équatoriale peuplée de singes qui nous
regardent passer sans s'étonner, à l'égal des indigènes
assez peu nombreux et des races les plus diverses ;
tantôt on longe de hautes herbes ou des bancs de
sable où d'énormes caïmans attendent un coup de
fusil inutile pour se laisser glisser dans l'eau. Presque
tous les soirs on fait escale « à des postes à bois » où
le personnel du bord prend du combustible pour sa
chaufferie. A bord, la vie est agréable, électricité,
bonne table, peu de conserves, le poulet et le cabri
font la base du menu, comme d'ailleurs dans tout ce
pays où la mouche tsé-tsé ne laisse vivre ni bœuf, ni
mouton. Les journées sont chaudes, torrides ; en
saison des pluies, la tornade chauffe toute l'après-
midi pour ne tomber souvent que tard, voire même ne
tombe pas, quand la saison commence seulement.

Les nuits sont quelquefois assez bonnes, quand
les moustiques n'ont pas pénétré dans la moustiquaire
ou quand le bateau n'est pas accosté à un village où
l'on « boucanne » de la viande d'éléphant. Malgré ces

---

1. Nous étant tenus à respecter fidèlement et dans toute leur
teneur ces lettres adressées à différentes personnes et qui constituent ce journal de marche, il arrivera parfois que les mêmes faits
et relations se répètent ; souvent, même, les détails sont autres,
mais complètent avec intérêt ces récits.

petits inconvénients, cette partie   yage m'a
semblé une des plus délicieuses. C'é   doux farniente, contre lequel il est impossi   de réagir : à
peine trouve-t-on un peu d'énergie pour lire. Bercé par
le rythme monotone des Arabes, par le chant et le tam-
tam assourdi des gens du bord qui, avec de longues
perches, sondent à l'avant du bateau la profondeur du
fleuve, on passe ses journées entières, enfoncé dans
une chaise longue, à s'éponger et à regarder défiler
le paysage. Au soleil couchant, les eaux, la forêt, les
bancs de sable, le ciel prennent des tons neigeux,
fondus, qui s'harmonisent très bien avec le calme de
cette nature assoupie sous la chaleur moite.

De Bangui, on quitte le bateau confortable et la
vie coloniale succède à la vie de touriste de yacht.

Perché sur un rocher, près des chutes de l'Oubangui, le poste est bien militaire. Quelques factoreries
y apportent cependant un peu de confortable de
France ; mais à quel prix ! grand Dieu !

Le voyage se poursuit alors en baleinière. En-
combré par ses cantines, ses caisses de vivres, on
s'entasse deux Européens avec quatre pagayeurs dans
un bateau plat en tôle et à petites journées on rencontre malgré les échouages fréquents, les tornades,
le soleil qui traverse le « chimbeck » (sorte de paillasson
placé sur nos têtes), on rencontre l'Oubanghi encore
large de 4 à 5 kilomètres jusqu'à Kémo (Fort-de-
Possel). Le 14 juillet, je faisais escale à « Bakomendo »,
grand village gardé par un milicien et je fêtais la Fête
nationale avec tous les militaires et factoriens de
passage à cet endroit assez confortable. Étant le plus
ancien officier, je faisais une prise d'armes et devant
20 tirailleurs, 2 camarades sous-lieutenants, 8 sous-
officiers et 10 factoriens ou administrateurs environ,
je faisais hisser les trois couleurs françaises. La fête

ne manquait pas de solennité. Si loin de la terre natale, je vous avouerai que ce n'est pas sans émotion que nous avons salué le drapeau et que nous nous sommes sentis plus frères dans cette communauté de sentiments.

De Kémo à Fort-Crampell, nous passons à un nouveau moyen de locomotion. C'est le portage : porté par quatre nègres, ou monté sur un misérable petit cheval à qui la maladie du sommeil accorde encore peut-être six mois de vie; on pénètre dans la forêt et les hautes herbes, et par étapes de 25 à 30 kilomètres on gagne ainsi Fort-Sibut, puis Crampell. Là je passe en pleine saison des pluies. Rarement on évite la tornade qui tombe toujours comme par un fait exprès, loin de tout abri; on continue stoïque sous les vêtements bien trempés jusqu'au moment où le soleil vient lui-même vous sécher. Mais combien peinent les pauvres porteurs dont les bagages s'alourdissent, et que deviennent les vivres ou objets non hermétiquement enfermés?... Heureusement les gîtes d'étapes sont bons, on y trouve toujours un abri pour la nuit contre les tornades, mais non contre les moustiques et les termites. On peut y entendre, bien enfoui dans ses couvertures, les rugissements du lion qui rôde autour des poulets, des cabris, des gardiens du gîte d'étape. Le matin on rencontre sur la piste de superbes traces. Mais il ne faut pas songer quand on passe tout au moins à faire un brillant exploit de chasseur: ces animaux trop méfiants éventent l'homme auquel ils ne s'attaquent que très rarement. C'est en vain que j'ai voulu quand même dérouiller mon hamerless contre eux, malgré les malheureux chevreaux mis en appât. Cette partie de promenade à travers la brousse n'est pas très fatigante; mais demande pas mal de quinine, car les marigots à traverser sont fréquents.

Plusieurs fois même on doit déployer des talents de nageurs et les malheureux porteurs, dans ces endroits envahis par les inondations de la saison des pluies, sont vraiment très à plaindre. D'ailleurs, il faut avoir le cœur réellement endurci par la vie de la brousse africaine pour ne pas être écœuré à voir ces misérables noirs courir suant à grosses gouttes, sous la tornade, dans les marécages, glissant avec une caisse de 25 à 30 kilos sur la tête et cela pendant 25 à 30 kilomètres. Quelquefois on les trouve étendus comme morts au travers de la piste, votre cantine ou votre caisse posée délicatement à terre à côté d'eux. On passe, sans rien dire; mais une demi-heure après le malheureux vous dépasse de nouveau au pas de course pour aller se reposer plus loin. Rarement, si on ne les bouscule pas, les caisses arrivent plus d'une heure après votre arrivée même. Mais à peine au gîte d'étapes, ils s'affalent comme des masses inertes, en plein soleil souvent, la tête entre les mains, et, seulement, la nuit ils se réveillent pour manger quelques racines de manioc. La plupart sont anthropophages. A ce seul mot, on s'imagine des hommes féroces. Hélas! ils sont bien inoffensifs, s'ils ont les dents incisives taillées et limées en crocs, leurs yeux sont doux et réellement ne semblent pas envier les biftecks et côtelettes de votre individu. La mouche tsé-tsé tuant tous les animaux domestiques, ces gens qui probablement ont, comme tous les autres hommes, besoin de viande pour vivre, en prennent où ils en trouvent, chez leurs vieux parents, ou chez leurs ennemis. D'ailleurs être engraissé par un grand chef pour lui servir de repas un jour de fête, ne doit pas leur sembler très désagréable, puisque, raconte-t-on, un administrateur ayant délivé un jeune homme à l'engrais pour cet usage, ce noir s'est enfui du poste pour retourner

auprès de son ancien propriétaire où il a été bel et
bien mangé suivant son désir. Il y aurait des pages et
des pages très intéressantes à écrire sur les mœurs
les plus extraordinaires de tous ces peuples noirs
depuis Brazzaville jusqu'à Crampell. Mais, hélas! le
temps et le talent ne me le permettent pas.

Fort-Crampell, 7 août 1909.

Depuis deux jours je suis au repos à Fort-Crampell,
avant de reprendre la baleinière pour descendre le
Gribangui et le Chari. Les fameuses étapes à pied de
Fort-de-Possel à Fort-Crampell sont terminées.

Comme toujours, les départs se font assez précipi-
tamment; prévenus au dernier moment, on a à peine
2 ou 3 heures pour boucler ses bagages et si on a
encore du courrier à terminer il faut l'écourter et se
bousculer un peu.

C'est ce qui m'était arrivé à Fort-de-Possel et ce
qui m'arrive encore aujourd'hui. Car on vient de
m'apprendre que demain matin il faudra démarrer et
s'embarquer pour 15 à 20 jours.

Les deux premières étapes ont été assez pénibles.
En pleine saison de pluies, la piste était inondée en
quantité d'endroits. Comme je n'avais pas de cheval,
au départ, pendant la première journée et pendant
quelquefois plusieurs kilomètres, on marchait dans
l'eau jusqu'aux genoux. Au début, nous cherchions à
éviter de nous mouiller et je me faisais porter sur les
épaules d'un nègre; mais bientôt j'abandonnai ce
système, qui ralentissait trop ma marche et j'entrais
carrément dans les marigots.

La deuxième journée, ce fut bien pis. Nous avions
à traverser des petites rivières débordées et c'est à la
nage qu'il fallut passer. A la première rivière je pre-

nais la précaution de quitter mes vêtements pour pouvoir à l'autre rive les reprendre secs et, m'aidant des porteurs, je me mettais bravement à la nage. N'étant pas très calé dans ce genre de sport j'avais imaginé de me faire soutenir par une perche de bois que soutenaient deux porteurs. C'est ainsi que je pus traverser. Mais plus loin la piste se ramifiant en des quantités de lacets en pleine forêt, je passais en utilisant les lianes. Enfin vers 3 heures de l'après-midi, après différentes péripéties nautiques, nous sommes arrivés au poste de M'Brous à partir duquel une piste bien entretenue devait nous permettre de gagner Fort-Crampell.

Les bagages furent plus délicats à passer que nous. Les hommes tenant à bout de bras nos caisses s'enfonçaient dans l'eau. Malheureusement quelquefois ils manquaient pied et la caisse prenait aussi son bain. Et ce n'était pas, je vous assure, bien amusant de voir ses malheureuses cantines nager un moment, puis s'enfoncer à la recherche du malheureux porteur qui souvent ne réapparaissait que trop tard pour les repêcher. Enfin mes cartouches, mes plaques n'ont pas été trop éprouvées et, en somme, je n'ai pas eu grand déchet. Quelques caisses de petits gâteaux, du sucre, ont été avariées; mais au total, mes vivres, très utiles et réellement pas trop nombreux, ont pu me rendre jusqu'ici et me rendront encore des services appréciables.

A partir de M'Brous, j'ai trouvé un cheval, un tout petit cheval, qui malgré la maladie du sommeil dont, paraît-il, il est atteint, m'a permis de faire mes étapes avec moins de fatigue; 25 à 30 kilomètres à faire à pied tous les jours, je pouvais en faire les trois quarts assis. — Mon boy, derrière moi pousse le pur sang avec une baguette. Le fusil en travers de la selle, je cherche sur la piste ou dans les arbres, les nombreux

gibiers de ce pays. Malheureusement les herbes sont
très hautes et on ne voit rien. Seules des pintades, tous
les soirs, viennent autour des postes pâturer, et on les
tue comme dans une basse-cour. Elles font la base de
notre nourriture. On trouve aussi quelques poulets à
acheter. Ainsi on ne touche pas à ses conserves, ce
qui est prudent; aussi il faut s'ingénier pour ne pas se
dégoûter de la monotonie de ces viandes blanches.
C'est en soupe qu'on arrive le mieux à les absorber.
Quand, dans un petit poste de milicien, on a le bonheur
de trouver des navets et des carottes en joignant un peu
de sauce anglaise on fait des potages délicieux. Puis
mon boy sait faire, comme il dit : « Poulet sang, poulet
patates, poulet sauté aubergines, poulet riz kari, poulet rôti, et pintades de même ». Nous trouvons une
fois un cabri ; j'en profite pour essayer de tuer une
panthère au clair de lune, à 2 kilomètres d'un poste,
assez fréquenté par ces charmants fauves, j'attache
mon malheureux cabri à un arbre et j'attends avec un
sous-officier pendant deux heures ; mais nous sommes
éventés probablement et nous rentrons bredouille. Et
cependant il y a de si belles traces dans la piste, des
empreintes de pattes couvrant au moins la largeur de
deux mains réunies. — Sur le Chari, paraît-il, je vais
trouver des hippopotames en quantité, j'entendrai mu-
gir le lion, mais toujours à cause des hautes herbes de
la saison des pluies, la chasse est impossible. En
revanche, au Tchad et au Ouadaï, pour lequel je serai
très probablement désigné, il y a de très belles chasses
à faire.

Sur ma route d'étapes, Fort-Sibut où je passais le
25 juillet est un poste assez important où j'ai pu me
ravitailler en farine, en vin, en riz, etc. Là j'ai rencontré des officiers descendant vers Brazzaville et qui
m'ont donné les derniers tuyaux sur le Tchad. —

Abécher, le refuge de Doudmourah, notre grand ennemi de là-haut, a été abandonné et pris par nos troupes et c'est l'officier que je vais remplacer là-haut qui est entré le premier dans la place. J'arriverai donc un peu tard ; mais j'espère qu'il y aura encore des choses intéressantes à faire.

J'ai pu prendre pas mal de photogr; hies, je souhaite vivement qu'elles soient réussies ; car vous y pourrez voir différentes vues de mon voyage à travers cette région.

En particulier, vous y trouverez des groupes de porteurs. Ces malheureux noirs qui se sont appuyés mes cantines pendant ces longues étapes à travers la brousse. C'est un spectacle vraiment navrant de voir ces gens courir avec des caisses de 25 à 30 kilos sur la tête. Ils courent pour diminuer la durée de cette souffrance qu'est pour eux, sous la chaleur de ce pays, nos colis posés sur leurs têtes. Puis après cet effort ils se couchent à terre pendant 5 à 10 minutes et s'allongent comme morts de fatigue, pour reprendre ensuite leur course d'une demi-heure. Et ainsi de suite jusqu'au poste où ils se reposeront jusqu'au lendemain. Il faut les avoir vus, aussi, prenant leur nuque à deux mains et relever vers le ciel avec peine leur tête aux yeux ternes de fatigue. A leur suite court également le capitan, armé d'une chicotte, qui pousse les traînards, mais aussi quelquefois prend une caisse pour soulager un malheureux trop fatigué. Car c'est lui le seul responsable à l'égard du blanc et à l'arrivée au poste c'est lui qui recevrait la chicotte ou ne serait pas payé si une caisse était égarée.

Pendant ces étapes, j'ai eu la chance de tomber toujours sur de bons porteurs. Dans cette région anthropophage ils n'avaient pas l'air du tout féroce malgré leurs dents limées en pointe, lorsque je leur donnais une pincée de tabac pour les encourager à avoir soin de mes caisses.

J'ai eu la chance aussi d'essuyer peu de tornades. Vers midi plusieurs fois j'ai reçu l'ondée ; mais dès que le soleil reparaît les vêtements sèchent rapidement, l'ennuyeux seulement est de marcher avec des effets alourdis par la pluie. Le moment le plus désagréable aussi est celui où l'eau commence à arriver au contact du corps et à dégouliner dans le dos. Puis on s'y fait, on se figure être tombé dans une rivière, et on attend le soleil qui reparaîtra et percera le ciel noir d'orages. Bien entendu, à ce moment les cartouches de fusil de chasse, le tabac sont inutilisables et c'est une petite privation.

Pendant toute cette partie de mon voyage, j'ai pu prendre aussi quelques photos de la forêt vierge et des hautes herbes. Notre piste serpentait presque tout le temps à travers une brousse de hautes herbes semées de grands arbres. A la saison sèche, ces régions sont au contraire très clairsemées, presque découvertes ; car les indigènes brûlent les herbes devenues sèches, pour chasser l'éléphant, la panthère, l'antilope, le lion.

Les rivières qu'on y trouve sont bordées de grands arbres, coulent sous les ombrages de la forêt vierge. Là, la piste traverse un fouilli inextricable de lianes, de palétuviers, de fromagers, etc., et quelquefois un pont de rondins suspendu au-dessus du torrent a une allure très pittoresque rappelant le « Saut-des-Cuves » de Gérardmer. J'ai pris également des photos de ces sous-bois, malheureusement je crois que la lumière trop étouffée par cette végétation intense ait manqué à mes clichés.

Les indigènes de ce pays sont les Bandas et les Mandjas, excellents anthropophages ; chez eux, cette coutume a subsisté, malgré l'administration et l'occupation française. Ils n'y voient aucun mal, et ne s'y livrent pas par férocité; mais simplement ils trouvent cela naturel. Le vainqueur a le droit de manger ses vaincus; quant aux esclaves, sur la piste tout au moins, il n'y en a plus guère; mais dans le fond de la brousse, ils élèvent et engraissent encore du bétail humain, le tuent très proprement et s'en délectent avec autant d'indifférence que nous le ferions d'un excellent gigot ou d'un filet de bœuf. Ils ont la précaution, dans ce but, de se faire limer les dents en pointes, et portent des ornements en métal dans les lèvres et les narines. Comme ces petits anneaux ou tuyaux sont d'un certain poids, ils leur allongent démesurément les lèvres qui n'ont plus l'épaisseur caractéristique des noirs.

Comme costume, ils en sont encore à la mode de madame Ève et de son mari. Les hommes ne portent rien du tout ou simplement un très petit et discret pagne; les femmes ne portent même pas de feuilles de vigne; mais simplement quelques herbes ordinairement coupées le matin même et groupées dans une petite bague de perles en verre. Leurs cases sont rondes, peu élevées au-dessus du sol, couvertes en chaume. Ils vivent de manioc et de maïs et mènent surtout une vie végétative, occupés uniquement à dormir et à manger. Ils se bataillent entre eux et sont armés de flèches, de sagaies et de lances. On peut ici faire des collections merveilleuses de ces armes qu'on achète pour une pincée de sel, la principale monnaie courante, avec les perles en verre.

De Fort-Archambault j'aurai peut-être le temps de vous envoyer un mot, sinon de Fort-Lamy. Je trouverai peut-être même le moyen de vous envoyer un télégramme.

Mon voyage est à peu près à moitié et la partie la plus délicate au point de vue climat est passée.

3

Bokoro, 7 Septembre 1909.

Depuis Crampell, malgré toute la meilleure volonté, il m'a été impossible de pouvoir trouver un peu de temps pour écrire un peu longuement.

Aujourd'hui, je peux profiter de deux heures d'installation à peu près confortable, dans un poste, et puis je continue mon voyage qui ne se terminera qu'à Abécher, dans un mois environ. Au total, quatre mois et demi de voyage.

De Crampell à Fort-Archambault, mon voyage s'est continué par 10 jours de baleinières sous l'eau des tornades, presque tous les jours. Là, j'ai eu l'occasion d'entendre, la nuit, la voix majestueuse du lion à 800 mètres peut-être de nos tentes, en pleine brousse, un de ces charmants animaux nous a tenus éveillés toute la nuit, par ses rugissements impressionnants. Mais les pagayeurs n'étaient pas autrement émus. Ils avaient confiance dans les armes des blancs; nous étions à ce moment 2 officiers et 6 sous-officiers, et ils se sont contentés de raviver leurs feux.

De jour, nous avons eu l'occasion de tirer quelques hippopotames, des caïmans, des canards et surtout des pintades qui dans ce pays sont innombrables.

A Fort-Archambault, j'ai retrouvé comme commandant de poste, un lieutenant, ancien camarade du lycée de Bar-le-Duc, Maréchal. Il rentrera dans un an en France et pourra vous donner des tuyaux.

De Fort-Archambault à Fort-Lamy, c'est sur un bateau à vapeur, *le Léon-Blot*, que l'on voyage. C'est un misérable petit bateau à hélice, où nous étions entassés tant bien que mal, et toujours sous l'eau. Ah! mes bagages ont pris quelque chose. Nos cantines sont restées plongées pendant 5 jours dans l'eau. Qu'est-ce qui pourrait résister à pareille épreuve. Heureusement mes tenues propres, mes cartouches ont évité un peu le bain. Mais mes clichés sont absolument moisis, complètement inutilisables.... Le confortable est tout à fait restreint. On est porté sur l'eau à une vitesse plus ou moins grande et avec des chances nombreuses d'échouements et de chavirage.

La forêt vierge disparaît peu à peu pour faire place à la brousse des hautes herbes, ombragées de palmiers éphènes, de fromagers, d'épineux. La liane disparaît, le caoutchouc, les palétuviers sont remplacés par des arbres plus petits et presque rabougris, et qui semblent déjà souffrir de la sécheresse de la longue saison sans pluie.

Je commence à retrouver les traits sympathiques des Arabes aux visages bronzés. Mais ils ne sont pas nombreux. Le fond de la population est autochtone. Ce sont les Bandas, les Saras islamisés.

Enfin j'atteins le 25 août Fort-Lamy, exactement 3 mois après mon départ. Le courrier de France est avec moi, je n'ai donc pas perdu de temps et mis le minimum de temps.

A Fort-Lamy, je n'ai trouvé qu'un capitaine et deux lieutenants. Le colonel Millot et le commandant sont partis en inspection à Abécher. Mais ma désignation était déjà prévue et j'ai été remis en route immédiatement pour Abécher, notre nouvelle conquête dans le centre africain. Là je trouverai mon capitaine, un lieutenant d'infanterie, un lieutenant d'artillerie[1], et je prendrai le commandement du peloton de tirailleurs à cheval et à chameaux qui sont entrés les premiers dans Abécher.

Fort-Lamy, la capitale de la région de Tchad, est

[1]. Capitaine Fiegenschuh, lieutenant Lucien, lieutenant Delacommune.

un vrai marécage à cette époque de l'année. C'est une grande agglomération de villages de tous ces gens que Rabat autrefois traînait en captifs derrière lui. Ici la vie est bon marché et facile; un aperçu des prix: 8 kilos de beurre pour 3 francs, 25 à 3o poulets pour 3 fr.; 15o kilos de mil pour 6 fr.; un bœuf de 21 à 25 fr.; une vache 3o fr.; ces bœufs et vaches sont de la taille des vaches normandes ou flamandes.

Mais, en revanche, les objets de France sont chers. Une assiette 2 fr.; un verre de deux sous coûte quinze sous; le vin 4 fr. la bouteille, etc....

Le service des approvisionnements administratifs est assez bien fait. Ainsi à Abécher je pourrai toucher à titre remboursable, c'est-à-dire au prix de revient, du vin (15 bouteilles par mois), du sucre, du café, du tafia, de la graisse; mais assez souvent, des retards provoqués par le mauvais temps amènent les magasins à être vides et alors c'est là que les conserves sont utiles! En ce moment, sur mes 5 caisses Potin, il me reste 2 intactes et 1 entamée; de chez Prevet, où j'avais pris des légumes desséchés, j'ai encore les deux tiers de mon approvisionnement. Et je ne regrette pas du tout d'avoir emporté toutes ces conserves. D'ailleurs mes voyages à travers le bled ne sont pas encore terminés.

De Fort-Lamy à Bokoro et au delà, c'est à cheval qu'on voyage. Et les caisses sont portées à dos de bœufs. Pendant ces 10 jours que je viens de faire, pas une fois nous n'avons eu plus de 5 kilomètres sur 25 à faire en dehors des marécages. Une fois même il nous a fallu fabriquer un radeau pour traverser un étang trop profond. A d'autres endroits, nos bœufs nageaient avec les bagages sur le dos, et à cheval j'avais de l'eau jusqu'au ventre. Malgré ces bains continus, ma santé reste excellente; malgré la chaleur de la journée, comme les nuits sont fraîches, je dors très bien et mange de très bon appétit. D'ailleurs tous les camarades que je rencontre sont très bien portants et, à part un docteur qui a eu la vue absolument abîmée par le soleil et le moral, par suite, très déprimé, les camarades qui ont terminé leur séjour de 20 mois demandent la plupart à faire une troisième année.

Quant aux événements militaires, je crois qu'il n'y aura pas grand'chose de très sérieux pendant longtemps; car la prise d'Abécher donne à réfléchir aux Ouadaïens et aux indigènes rétifs.

Je pars ce soir de nouveau pour Yao, où j'arriverai vers le 10 septembre, puis de là sur Barouela-Ati d'où je repartirai pour Abécher où je serai vers le 1ᵉʳ octobre. Il est probable qu'à Ati j'aurai le temps d'écrire et qu'à Abécher, une fois installé, je pourrai reprendre quelques détails de mon voyage, faire de la photographie et remettre un peu mes affaires en ordre. Vous avez dû recevoir une lettre-télégramme de Fort-Lamy. Je n'ai pas encore reçu une seule lettre de France; j'ai hâte de lire un peu de vos nouvelles.

Abéché[1], 7 octobre 1909.

Ma dernière lettre doit être datée des premiers jours de septembre et partie de Yao. Depuis il ne m'était guère facile d'écrire. Tous les jours étaient des jours d'étapes où pendant les 7 à 8 heures les moins chaudes de la journée je cherchais à avaler le plus rapidement les nombreux kilomètres qui me séparaient d'Abécher.

Levé à 4 heures, dès 4 heures et demie les bagages étaient réinstallés sur les bœufs porteurs, et moi un peu somnolent sur mon cheval. Jusqu'à 7 heures et

1. Abéché ou Abécher.

demie la route était facile, le soleil était encore assez bas; mais dès 8 heures la marche est plus pénible, le soleil est chaud et les herbes séchées qui couvrent le sol que n'arrosent plus les tornades (la saison des pluies est enfin terminée) semblent prêtes à s'enflammer.

A 9 heures il faut s'arrêter, l'appétit et un peu de fatigue l'exigent. Les villages nouvellement conquis ont la plus grande docilité pour fournir tout ce qu'on leur demande : lait, œufs, poulets, mil. Ils sont habitués à être razziés par les gens du désert que la prise d'Abécher a rejeté dans le Nord ou réduits sous notre domination; aussi à nous voir si peu féroces, et payer même ce que nous leur demandons, ils sont plutôt surpris et manifestent une reconnaissance qui pourrait sembler sincère, si on ne connaissait leur fourberie arabe.

Après avoir passé les heures chaudes de 10 heures à 3 heures à l'ombre, vers trois heures et demie on rechange les bœufs et la marche reprend jusqu'à 6 ou 7 heures du soir.

Dîner vers 7 heures à la lueur de la lune ou dans l'obscurité, car souvent les moustiques empêchent absolument d'allumer la moindre lumière. Le menu est toujours le même : potage maggi, omelette, légumes de conserve sautés, poulet rôti, dessert au lait (soit crème, soit riz). Puis la nuit se passe dans une case ordinairement surchauffée par la température de la journée et parfumée par le poisson qui sèche, le lait qui caille, les moutons, et surtout par les habitants ordinaires qui, pour la circonstance, ont nettoyé au mieux possible et coucheront dehors pour nous laisser leur place.

Je passe successivement aux portes de Bokoro, ancienne résidence de l'escadron du Tchad, Yao, près

du lac Fittri, Atti-Baroueba, créé par le commandant
Julien qui, le premier, a poussé nos troupes vers l'Est,
vers le 20° degré qui nous sépare des Anglais du Darfour. Pendant des journées entières je patauge dans
les marais, au milieu d'une brousse intense, faite de
hautes herbes et d'épineux, repaires des animaux les
plus variés : éléphants, girafes, antilopes, rhinocéros,
autruches, etc.... Continuellement je tire des canards,
des pintades, des cobas, des antilopes, etc.... Le soir
nous couchons dans les villages arabes, bellalas, etc....
Les ressources du pays sont nombreuses. Ici plus de
maladie du sommeil, tous les animaux y vivent et pullulent.

Le pays traversé pendant cette dernière partie de
mon voyage est le sable partout couvert d'une herbe
de 4o à 5o centimètres de hauteur et semé d'arbres
épineux toujours verts, excellente nourriture pour les
chameaux. Les villages sont nombreux, partout où une
mare ou une source met un peu d'humidité. La végétation alors est abondante, le mil pousse avec force et
c'est une grande joie d'apercevoir les champs très
haut de mil ou de maïs au-dessus desquels on peut
deviner le sommet des cases où on va pouvoir trouver
un peu d'ombre. Enfin le 29 septembre j'atteins Abécher. C'est la seule ville qui puisse porter ce nom, que
l'on trouve dans tout le centre africain. C'est une
agglomération de *tatas*, sorte de châteaux forts des
grands chefs du Ouadaï. Construites en pisés comme
les kasbats, que l'on trouve dans la plaine de Ber-
guent, les cases sont peu élevées, très épaisses de
murs, couvertes de terrasses et disposées en chicane,
de façon à former des sortes de labyrinthes. A Abécher
commandait autrefois Doudmourah, sultan très puissant et très belliqueux. Il était entouré d'une foule
d'*aguids*, de grands *faquis* qui tous commandaient eux-

mêmes à de nombreux cavaliers et hommes à pied tous très bien armés. Lorsque tous ces gens se sont rendus, il est rentré entre nos mains : 3 000 fusils dont moins de 200 seulement étaient inférieurs comme armes de guerre à notre fusil Gras. Tous ces gens vivaient à Abécher dans un doux farniente coupé seulement par la chasse aux esclaves qu'ils venaient, en armes, razzier dans les pays noirs du centre de l'Afrique, non encore suffisamment occupés et défendus par nos troupes. C'est pour atteindre au cœur ces razzieurs d'esclaves, réputés invincibles par tout le pays noir, que nos troupes s'étaient portées peu à peu vers l'Est et vers Abécher, la citadelle du Ouadaï.

Le succès de nos troupes a été extraordinaire ; 350 tirailleurs commandés par le capitaine Fiegenshuh, mon capitaine actuel, ont eu l'audace invraisemblable de pousser cette attaque à 300 kilomètres de leur poste Ati. Ah ! j'arrive trop tard, et de Villeneuve est parti trop tôt ! Après un premier combat à 15 kilomètres même de la ville, où le capitaine a eu la mâchoire fracassée et dès le lendemain de ce combat, ils se sont portés tous vers les murs de cette ville, vers ces enceintes triples et quadruples. Les tirailleurs ont marché tous sans s'arrêter, même pour tirer, la baïonnette au canon jusqu'à 800 mètres de la ville, malgré les Ouadaïens qui, dispersés dans la plaine, tiraillaient avec ténacité. Puis un canon de 80 de montagne a envoyé un projectile assez mal ajusté vers la ville, et aussitôt on a pu voir sortir par l'autre extrémité de la ville : Doudmourah et quelques partisans. Tous les autres aguids se sont cachés auprès de leurs richesses, leurs femmes, leurs enfants, leurs parfums. Et terrifiés, craignant l'incendie de leur ville, ont imploré leur grâce, tandis que leurs cavaliers fuyaient dans la campagne avec armes et bagages. La ville, abandonnée

pas ses défenseurs, a été livrée aux tirailleurs qui, pendant deux jours, s'en sont donné à cœur joie. Deux
jours après les aguids rendaient au capitaine leurs
fusils et munitions. Et on pouvait leur montrer aisé-
ment à cette lâcheté des soldats ouadaïens ce que
valent des captifs et des esclaves comme soldats, lorsqu'ils ont à défendre la liberté de leurs maîtres.
Maintenant reste à organiser le pays, à faire rentrer la
rançon de guerre, et établir l'impôt. Et c'est ce travail
dont je vais m'occuper pendant mon séjour ici. Nous
sommes trois officiers et nous nous partageons le pays.
Pour moi, je suis chargé de la police, administration,
de la ville d'Abéché (ou Abécher), je suis adjoint au
maire, le capitaine étant maire ; et j'ai de plus à admi-
nistrer et organiser tout le Sud, Sud-Est, et Sud-
Ouest, c'est-à-dire les régions portées sur la carte
sous les noms de : Dar-Sila, Moubi-Dar-Salamat, Dar-
Rounga.

Au point de vue militaire pur, j'ai à organiser une
section montée de tirailleurs et composée déjà en partie, hélas ! trop faible, d'anciens spahis. Ces hommes ne
rêvent que de nouvelles conquêtes, ont une confiance
en eux-mêmes extraordinaire et, malgré leurs nippes
débraillées et les plus disparates, font plaisir à voir
dans la sauvagerie de la brousse. En garnison, ils sont
durs à tenir croyant toujours que tout est à eux et ne
pouvant s'imaginer qu'on ait démoli pour reconstruire.
Ils sont la terreur de tous les Ouadaïens, depuis le plus
humble « mesquines » jusqu'au plus grand aguid, qui
n'existe, au dire des tirailleurs, que parce qu'ils le
veulent bien. Le sultan lui-même, le nouveau, l'ancien prétendant intronisé par nous, branle dans le
manche en ce moment et quelquefois ses ministres
viennent faire de la « pelote » ou des briques sous le
commandement d'un gradé de tirailleurs. Dans

toutes les occasions où une répression en armes sera jugée nécessaire, ou bien, où un rezzou devra être poursuivi, je marcherai à mon tour, peu importe la région. C'est dans ces occasions-là que l'on peut avoir des choses intéressantes à faire et à faire parler un peu la poudre. Elles seront encore très fréquentes, j'espère, mais la leçon d'Abéché a été énergique et pour le moment nous sommes dans un peu d'accalmie. La campagne semble revivre d'une vie nouvelle. Jadis perpétuellement razziés par les grands d'Abécher qui en faisaient leurs greniers, et l'élevage de leurs esclaves, les villages nombreux et travailleurs cultivent avec confiance en nous, confiance peut-être encore peu manifeste, mais je crois réelle.

Malgré la chaleur assez forte dans la journée, les nuits sont fraîches et très reposantes. Aussi je suis très bien portant. Je n'ai pas eu le moindre accès de fièvre. D'ailleurs ce pays est très sain et je crois que j'y passerai un séjour tout à fait agréable. Dès que mon installation sera plus confortable et par le prochain courrier je pourrai reprendre ma correspondance d'une façon plus régulière. Je n'ai toujours pas reçu de vos nouvelles; mais dans une dizaine de jours, je compte bien avoir vos premières lettres.

Birh'aïne, 23 octobre 1909.
(50 kil. sud Abécher, Ouadaï).

J'ai reçu mon premier courrier et dedans vos lettres, au moment où je faisais mes bagages pour une tournée de 2 mois dans le sud du Ouadaï. Quand vous recevrez cette lettre, je serai probablement sur mon départ, à moins que je ne demande à faire une année de prolongation de séjour.

La santé est toujours excellente, et je ne vois pas

pourquoi cela ne continuerait pas. Il est certain que quelquefois le métier est un peu pénible, et que certaines privations vous sont désagréables, par exemple le vin dont je n'ai pas bu une goutte depuis un mois, le pain et la graisse qui ne sont pas toujours de première marque; l'eau même que l'on voudrait propre et fraîche, quand on a bien chaud et bien soif. Enfin, encore bien des choses? Je suis arrivé à Abécher le 29 septembre. Depuis le 1ᵉʳ juillet, le pays est sous notre domination; mais à l'heure actuelle, il est loin d'être organisé et habitué à nos façons de faire. Aussi il reste du travail à faire. Je suis tombé au milieu de camarades couverts de la gloire de la prise de cette citadelle du Ouadaï. Ils ont fait là un coup de main vraiment merveilleux....

Le résultat obtenu est immense. Et d'abord au point de vue hautement moral de la civilisation.

Nous occupons ici le plus grand marché d'esclaves du centre africain. Les Ouadaïens étaient avant notre occupation et voudraient rester, d'ailleurs, les grands razzieurs d'esclaves de tout le pays noir. Il faut avoir vu, étendus au soleil dans les coins des cours ou des jardins, des femmes, des enfants, les fers aux pieds, amaigris par les privations en attendant la vente, ou par les fatigues du voyage, qui les a enlevés de leurs pays et ramenés dans cette région. Il faut avoir vu ces malheureux pleurer aux pieds du blanc libérateur et demander à rentrer dans leur pays natal, pour comprendre l'œuvre réellement admirable que nous poursuivons dans ce pays noir.

C'est à Abécher que les gens de la Tripolitaine, des sultanats voisins d'Égypte, du Maroc, de la Turquie venaient chercher les esclaves noirs de leur harem. Maintenant nos méharistes courent sus aux caravanes, et moi-même avec 30 cavaliers je suis allé pour surprendre un marché d'esclaves à 2 jours d'Abécher; mais les gens se méfiaient et je n'ai trouvé qu'une demi-douzaine de ferrures et j'ai libéré 3 femmes, un enfant de 6 à 7 ans, et un vieux de 50 ans qui en paraît au moins 70. Je rapporterai en France quelques-unes de ces ferrures. Le reste servira à ferrer nos chevaux.

Tout le pays autour d'Abécher est organisé, si on peut employer ce mot, en principautés vassales du sultan; chaque village est pour ainsi dire composé de serfs et vassaux d'un grand chef habitant Abécher. Celui-ci vit dans un petit palais entouré de ses femmes, de ses gens, de ses esclaves. Il vit richement, achète des parfums de luxe à Londres ou à Paris, des soieries à Constantinople ou à Lyon, des armes aux Allemands, etc. Pour mener cette vie il lui faut de l'argent, ou plutôt des esclaves; car c'est la denrée d'échange avec les Fezzans ou les Bornouans, les juifs du pays, qui servent d'entremetteurs entre l'Europe, les sultans du Maroc, de Tripolitaine, de Constantinople, etc., et enfin les Ouadaïens. Pour trouver ces captifs, une ou deux fois par an, les aguids et grands chefs d'Abécher montaient à cheval et, suivis d'une troupe de guerriers analogues aux chevaliers de la féodalité, s'en allaient razzier au pays noir les esclaves qui pourraient payer les frais de leur luxe. Ils sont obligés de déchanter en ce moment.

Je suis en tournée en ce moment, dans la région du sud du Ouadaï avec comme mission : « Faire le recensement et établir le rôle d'impôt. — Réprimer le servage, c'est-à-dire interdire les fers, mauvais traitements, etc.... Lever la contribution de guerre imposée, 1/30 de la fortune de chacun (bœufs, moutons, mil.)

Comme la région qui m'est confiée a 300 kilomètres de profondeur sur 400 de largeur, vous pouvez

vous rendre compte que je ne manque pas de travail.
Je compte faire en mon année 3 ou 4 tournées analogues à celle-ci qui va durer 2 mois.

De plus j'aurai sous mon influence le Dar-Sila, sultanat encore indépendant, mais rangé sous notre protectorat. C'est un pays riche en éléphants et autruches. Je vais pousser jusque-là dès cette première tournée et j'emporte avec moi une lettre du sultan et du gouvernement, au même titre qu'un ambassadeur. Hélas! je regrette de n'avoir pas dans mes bagages quelques cadeaux pour le sultan, car là-bas, j'espère bien qu'il va m'offrir, comme c'est la coutume, quelques belles pointes d'ivoire, voire même une compagne (??) pour mon voyage (c'est également la coutume!!!).

Diombo (100 kil. sud Abécher).

Au point de vue purement militaire, les opérations de guerre ne seront pas fréquentes d'ici longtemps ; on n'aura tout au plus que des opérations de police. Le Darfour, nos voisins immédiats nous ont bien déclaré la guerre. Le capitaine leur a répondu par le mot de Cambronne consciencieusement traduit en arabe. Mais s'ils essayaient de venir faire de nouveaux esclaves ou razzier ici, on leur enverrait quelques bons coups de fusil.

Le reste du temps se passe, en dehors de l'organisation du pays, à chercher les caravanes d'esclaves, les marchés, et à réprimer en brûlant les villages et en confisquant les biens des coupables.

Depuis 2 jours, je suis au repos, à faire du recensement dans la riche plaine de la Marfa, entre Abécher et Dar-Sila. Tous les jours défilent devant moi les députations des villages, apportant des poulets, des

œufs, du mil et qui racontent ce qu'ils ont de cases,
de captifs, d'habitants, de bœufs, de moutons, etc. Installé à ma table de campagne, à ma droite l'aguid Sala-
mat ; à ma gauche, mon sergent-interprète, le fanion
tricolore derrière moi, je semble au milieu de ces
régions un phénomène imposant ; l'aguid, le chef vir-
tuel de la région, est en réalité administré par nous.
Devant moi, autour du Coran, sont assis en cercle tous
les chefs et le palabre dure 3 ou 4 heures. Le « faqui »
(savant) lit la proclamation du gouvernement français
(rédigée par le capitaine commandant l'Ouadaï) et tout
le monde écoute religieusement. Deux tirailleurs surveillent l'assemblée. Tout cela est très original et
change bien du métier militaire pur que je faisais
jusqu'alors. Tous les matins, nous gagnons un grand
village différent. Les cavaliers de l'aguid parcourent
le pays et convoquent les chefs de village. Mon convoi
est gardé par 3o tirailleurs et sillonnent la plaine. Un
sous-officier m'est adjoint et le commande[1]. Il a là à
surveiller une trentaine de boys, de femmes plus ou
moins légitimes, appartenant à l'aguid et au détachement. Tout cela est porté par des chameaux et des bœufs.
Quant à moi, je fais de la topographie et fais fouiller
les villages pour trouver des captifs aux fers. Je vais
ainsi pouvoir rencontrer tout un pays neuf où seul
est passé, comme blanc, Nachtigal en 1874, et la carte
de ce pays qu'il y a faite n'est pas précisément très complète, n'ayant fait que passer par là rapidement. Aussi
quantité de gens n'ont jamais vu d'Européen. — Je
compte vous écrire dans une quinzaine de jours une
nouvelle lettre, lorsque je serai chez le sultan du Dar-
Sila. Je ne sais quand partira cette lettre. Elle va avoir
près de 2 mois de route à faire à dos de chevaux ou
à dos de bœufs pour atteindre Fort-Lamy.

1. Maréchal des logis d'artillerie coloniale Bressin.

Abécher, 21 décembre 1909.

Je suis rentré de ma tournée dans le Sud-Ouadaï il y a 15 jours. Mais, malgré la meilleure volonté, il m'a été impossible de trouver le temps de rédiger une lettre un peu longue pour vous raconter ce que j'ai pu faire pendant les deux mois que je viens de passer dehors.

Cette après-midi part le courrier de France et je profite de l'heure de la sieste pour vous envoyer un mot.

Ma tournée dans le Sud-Ouadaï a été très intéressante. J'ai été visiter le sultan du Dar-Sila, là j'ai failli avoir un incident qui aurait pu avoir une certaine importance.

J'avais à porter de la part du capitaine au sultan du Dar-Sila une lettre de salutation et à entamer avec lui des négociations au sujet du protectorat de la France sur son pays.

Jusqu'alors flatté par des cadeaux politiques, il avait affirmé être notre plus sincère allié. Mais, en réalité, il restait absolument indépendant, autorisant la vente, l'achat des captifs, razziant les pèlerins de la Mecque qui traversaient son pays et était le refuge de bien de nos détracteurs. Enfin les commerçants blancs n'osaient encore aller dans son pays, de crainte d'être mis à mal. Comme ce pays se trouve au delà du 20° degré, d'après les accords franco-anglais il était temps d'aller hisser nos couleurs sur son pays ; mais il fallait le faire sans engager une campagne peut-être difficile, encore loin de nos postes (300 km. d'Abécher, 700 km. d'Ati).

C'était la « pénétration pacifique » à faire. Or, arrivant à 50 kilomètres environ de la frontière géographique « l'Ouadi-Doï », les gens ouadaïens des villages m'apprennent que des rassemblements importants s'opposeront à mon entrée dans le territoire Sila, que tout le peuple Sila est dans les montagnes et que je ne passerai pas. En ce pays où les blancs sont considérés comme des gens extraordinaires, la moindre hésitation de ma part aurait renversé leurs convictions et cependant avec une faible colonne composée de 25 tirailleurs à pied, 10 tirailleurs à cheval, et 30 auxiliaires à cheval, un sous-officier européen et moi, il ne fallait pas non plus aller se faire massacrer dans ce pays sur lequel je n'avais comme renseignements que la carte de Barralier, pays réputé comme très montagneux.

Tout en continuant mon recensement dans la région où je venais d'apprendre ces renseignements, c'est-à-dire à environ 70 kilomètres des rassemblements signalés, j'envoyais immédiatement des espions à pied, et 8 goumiers en exploration. Je m'installais sur la défensive provisoirement, sur un mouvement isolé de la plaine, à proximité de l'eau et d'un village, et je rendais compte à mon capitaine, en lui demandant de me tenir prêt un détachement de renfort. Enfin, j'envoyais au sultan du Dar-Sila une lettre sévère, lui annonçant nettement les ordres que j'avais d'aller hisser les couleurs françaises sur son pays, et que j'irai chez lui avec le feu et le sang s'il ne voulait pas me recevoir avec confiance. Affolé, le sultan, Mohamed Bakhit, essaie de faire replier ses colonnes, m'assure de sa fidélité à la France et me promet le meilleur accueil. Mais par une deuxième reconnaissance de sûreté éloignée, envoyée en avant de mon détachement, mon sous-officier européen m'apprend que les colonnes se replient sur la capitale Gazbeida, mais n'ont pas été disloquées.

Je me porte donc sur la frontière même du Dar-Sila; mais toujours très en méfiance à l'égard de ces rassemblements, qui pourraient me tomber dessus malgré leur sultan même.

Le sultan m'envoie son oncle au-devant de moi avec 8 cavaliers et m'annonce que tout est prêt pour me recevoir et fêter avec enthousiasme le drapeau français.

J'entre donc en pays Sila. La première nuit passée dans le pays n'est pas faite pour me rassurer. Des fantassins nous surveillent cachés dans les rochers, et ne sont pas très décidés sur la conduite à tenir à notre égard. J'apprends en ce moment que mon capitaine d'Abécher arrive avec un renfort bien faible de 50 goumiers; mais il est encore à 5 jours, et le lendemain je dois entrer à Gazbeida, sans hésitation.

Mon détachement prend une formation bien gardée; mais le pays très montagneux le place très souvent en situation critique. Enfin le 5 novembre, à 8 heures du matin, je débouche dans une vaste plaine, au fond de laquelle s'étale Gazbeida appuyée à des plateaux rocheux.

Deux des plus jeunes fils du sultan viennent à moi avec une vingtaine de cavaliers armés. Je les fais placer à côté de moi, à proximité de mon revolver et me fais précéder de ses *cavaliers*. Plus loin, c'est le fils aîné même du sultan qui arrive suivi de 200 cavaliers. Je fais arrêter sa troupe à 200 mètres de moi. Il vient à moi et nous échangeons les salutations de paix. Tout s'arrange et je pense alors que les renseignements que m'avaient donnés mes patrouilles ont été tant soit peu exagérés.

Mais au moment d'entrer même dans Gazbeida, j'aperçois une foule de fantassins armés, cachés dans le mil, les collines sont toutes occupées et les cavaliers du sultan commencent à avoir de violents palabres avec ces hommes qui, malgré leur sultan, ne veulent pas nous accepter.

Je fais remarquer au fils du sultan que ces manifestations ne m'échappent pas ; mais que si jamais un coup de feu était tiré sur mon détachement, il pourrait voir quel est le courage des Français, malgré leur petit nombre. Il m'affirme de nouveau que son père, le sultan, est de tout cœur avec les Français et que si ces hommes armés voulaient m'attaquer, il est venu pour se mettre entre eux et moi, que de mon attitude dépend la couronne du sultan. Je continue donc ma marche plus ou moins triomphale vers Gaz-beida, tandis que les fusils du peuple Sila sont braqués sur nous. Et j'entre sans incident dans la ville du sultan. Là, Mohamed-Bakhit vient lui-même me saluer en grande pompe.

Jamais je n'aurais pu imaginer une variété et une richesse de costumes pareilles à celles qu'avait déployées la garde du sultan.

Plus de 100 cavaliers, montés sur des chevaux caparaçonnés d'argent et de soieries, suivent le sultan monté lui-même sur un cheval parfaitement blanc, harnaché d'or et de soieries vertes ; un vaste parasol, porté au-dessus de sa tête, le présente comme un dieu devant lequel tous ses sujets s'écrasent à terre. Les caméristes, intendants, toute sa cour, à cheval également, portent pour la plupart des casques incrustés d'argent et d'or, comme ceux qu'on attribue aux chevaliers des croisades.

Le campement préparé pour mon détachement a été parfaitement organisé pour la défensive. J'aurai donc, ici même, à prendre mes précautions. Mais le lendemain, dès le premier palabre, le sultan est plus rassuré ; il sent que son peuple commence à diminuer son hostilité à notre égard et que les meneurs sont

mis en minorité et que le coup d'État qui menaçait sa
tête n'est plus à craindre. Aussi nous pouvons commencer à étudier les principes de protectorat que la
France lui demandera d'accepter; il ne demande qu'à
conserver la confiance de la France, mais m'avoue
que son peuple, très indépendant, très guerrier, ne
pourra que petit à petit abandonner son hostilité à
notre égard. Il travaillera sincèrement; il le jure sur le
Coran. Le lendemain nous arborons le drapeau français en grande solennité, le sultan me présente ses
fantassins et cavaliers, environ 1 000 fusils (j'en ai
fait compter par mon sergent indigène plus de 500 à
répétition, et le reste fusil Gras). Mes tirailleurs semblent un peu déguenillés, et mes chevaux bien mai-
gres, à côté des riches « fardas » qui habillent les
hommes du Sila ; mais j'ai plaisir quand même à voir le
prestige qu'a sur ces peuples noirs la présence d'un
blanc et la discipline de nos soldats.

Enfin, le lendemain arrive mon capitaine d'Abécher
à qui il ne reste plus qu'à faire signer au sultan un
traité de paix. Il est un peu désappointé de n'avoir
pas eu une opération de guerre à faire ; mais se range
vite à mon avis, qu'une campagne eût été difficile et
délicate en ce pays de montagnes et contre ces gens
bien décidés, et dont l'histoire, paraît-il, compte surtout des victoires sur leurs voisins.

Moubi-Zenga, 16 novembre.

Mon capitaine regagne Abécher tandis que je continue ma tournée vers le Bahxsalamat, région non
visitée par les blancs jusqu'alors et sur laquelle je n'ai
comme renseignements que l'itinéraire de Nachtigal.

Cette tournée me permet de traverser une région

de brousse intense où les villages sont moins nombreux, peu riches, assez peu civilisés, où partout les gens viennent me demander de leur faire rendre des captifs enlevés, des femmes, des enfants, razziés avant notre entrée à Abécher. Hélas! malgré la belle réputation que nous avons de libérateur, je ne peux satisfaire à leurs désirs, et je suis obligé de distribuer de l'eau bénite de cour, et les inviter à venir me voir à Abécher.

Cette région est riche en toutes sortes de gibiers. Les pistes sont défoncées par les éléphants, les girafes. Je tue quelques cobas (antilope-cheval). Mais, je suis obligé de marcher! marcher! ma mission ici est surtout de faire de la topographie et la reconnaissance superficielle du pays, et je ne puis organiser des chasses.

C'est ainsi que je gagne le « Dar-Mouhi », ancien grenier d'esclaves des Ouadaïens, puis je rentre à travers la riche plaine de la Balha à Abécher d'où je vous envoie cette lettre.

Maintenant va commencer la rédaction de mon rapport. Ce ne sera pas un petit travail. Puis le lever topographique de ma reconnaissance, près de 1 000 kilomètres d'itinéraire en deux mois.

Je ne croyais pas avoir tant d'occupation ici. Mon métier de cavalier est bien mis de côté pour le moment. Mais je viens de recevoir un sous-officier de France[1]. Nous allons remettre sur pied notre section montée, acheter des chevaux, confectionner des selles, et surtout des cavaliers, car ce sont eux qui manquent le plus et cela avant le 26, date de mon départ de nouveau pour une tournée dans la brousse.

1. Maréchal des logis Breuillac, tué le 4 janvier 1910, à Bir-Taouil.

Nous partons le 26 pour une petite colonne[1] contre des gens un peu gênants qui font les récalcitrants. Nous serons trois officiers : le capitaine, un officier d'artillerie et moi, trois sous-officiers européens, et 150 tirailleurs, plus un goum de 50 cavaliers.

Cette colonne va travailler rapidement et faire un peu de nettoyage ; mais nos adversaires n'ont pas beaucoup de fusils, surtout des sagaies. Ils vont probablement céder tout de suite avant même d'avoir reçu un coup de fusil. Je clos rapidement cette lettre ; car il ne faudrait pas qu'elle manquât le départ, ce serait un mois de retard.

La santé est excellente, j'ai eu un petit accès de fièvre il y a trois ou quatre jours. Un peu de calomel a chassé la bile qui me gênait, un peu de pyramidon a fait tomber rapidement la température et maintenant physique et moral vont à merveille.

Mille bons baisers à tous,

L. VASSEUR.

1. C'est cette malheureuse colonne qui a été massacrée à Bir-Taouil précisément le 4 janvier 1910, c'est-à-dire 15 jours à peine après cette dernière lettre. Le capitaine était le capitaine Fiegenschuh, l'officier d'artillerie : le lieutenant Delacommune ; les trois sous-officiers : le maréchal des logis Breuillac, le sergent Bérenger, le troisième sous-officier n'était pas parti au dernier moment étant sur son départ pour retourner en France, c'est le maréchal des logis d'artillerie coloniale Bressin.

JOURNAL DE MARCHE

Bordeaux, 23 mai 1909.

Commencerai-je mon journal ici ? encore sur la terre de France. Si dans deux ans, ou plus tard, j'ai le bonheur de rentrer en France, après mon voyage, et mon séjour au cœur de l'Afrique centrale, il me sera, j'espère, agréable de retrouver consignées mes impressions de départ.

Hier à 10 h. 20 du soir, en gare du quai d'Orsay, je disais adieu à ceux de ma famille qui m'accompagnaient jusqu'à la dernière minute. Nous avons été très énergiques. Quand une décision a été prise, ce n'est pas au moment où elle commence à s'accomplir qu'il faut faiblir. Ému fortement de quitter des visages chers, et en songeant aux changements pénibles que me ménagerait peut-être le retour, j'ai fait briller la joie que provoque le plaisir du risque et la satisfaction d'un désir réalisé. Et c'est souriant, que j'ai fait le geste « au revoir » à travers la portière du train qui m'emmenait vers l'inconnu !

La nuit, voyage banal. Il faisait chaud. Le thermomètre marquait certainement plus de 25° à 11 du soir. C'est le prélude des chaleurs tropicales.

Arrivé à Bordeaux à 7 heures du matin. C'est aujourd'hui dimanche, la ville dort. J'en loie ma matinée à faire des courses, je règle mes affaires financières et certes les 225 francs octroyés par l'État ont été réellement insuffisants pour payer les 1 200 francs de vivres et d'objets indispensables là-bas, sans compter l'équipement.

L'après-midi, un peu de sieste, puis promenades dans les rues et aux monuments de Bordeaux. Je n'ai dans ma valise aucune tenue de rechange, et reste en vareuse de spahis, ma vareuse rouge attire l'attention de tous et c'est vraiment gênant; les uns me prennent pour un employé de cirque, d'autres pour un chasseur d'hôtel; quelques-uns cependant parlent de spahis soudanais, de Mauritanie. Mais ce qui est navrant c'est l'ignorance des hommes de troupes métropolitaines; ils ignorent complètement qu'il existe d'autres troupes que les troupes métropolitaines et sans doute aussi, que depuis trois ans la terre d'Afrique a été tachée souvent de ce rouge bon teint, soit à Casablanca, soit sur la frontière algéro-marocaine, soit en Mauritanie où a coulé le sang généreux des spahis. Il est probable qu'ils sont mieux instruits sur la beauté de la mutualité sociale et internationale et que leur dire les exploits de nos troupes d'Afrique serait aller à l'encontre des idées d'humanitarisme actuellement à la mode. Cependant au café de Bordeaux où je rédige ces mots, j'ai le plaisir de voir les garçons s'intéresser encore à ma tenue. Ce sont des anciens d'Algérie. Ils discutent; mon croissant les intrigue; je les mets d'accord et ils sont contents; moi aussi.

Jeudi 7 mai, à bord de l'Afrique.

L'embarquement s'est effectué sans incident...., mais la mer n'est pas belle, elle est même inquiétante. Le bateau a de magnifiques oscillations, mon estomac également. Ce n'est pas gai à bord! Pas mal de passagers, des fonctionnaires coloniaux, deux ou trois commerçants, un capitaine de génie qui va à la Côte d'Ivoire, un de la coloniale qui va au moyen Congo, deux autres lieutenants ; enfin un sous-lieutenant avec lequel je vais monter jusqu'au Tchad. Dans la même cabine que moi, un jeune Toubib, tout frais sorti de l'école, va au Gabon. Le malheureux est terrassé par le mal de mer, je l'entends à peine, il est dans un marasme voisin du coma, sauf par moment des hoquets douloureux m'impressionnent légèrement. Dehors, sur le pont, il faut faire une gymnastique acrobatique pour se promener. La marche en flexion est indiquée ; mais malgré toute la souplesse qu'on peut y mettre par moment on a l'agréable émotion de se croire jeté à la mer. Le bastingage heureusement vous rattrape au passage. L'avant du bateau embarque par moment des lames superbes. J'ai pris quelques photos. C'est vraiment beau et je souhaite que mes clichés réussissent.

Vendredi, 28 mai.

La mer s'est apaisée, le réveil a été délicieux, un soleil éblouissant reflété par l'argent des flots entre par le hublot grand ouvert. Le pont se peuple, on cause, on lit, des visages pâles sortent des cabines, et les yeux cernés de fatigue brillent de joie à revivre à l'air bienfaisant de l'océan. A table encore quelques hésitations ; mais ceux qui ont lutté avec succès hier, sont triomphants aujourd'hui et encouragent leurs commensaux. L'après-midi quelques oiseaux se sont mis dans le sillage du bateau. La terre d'Espagne n'est pas très loin. Il n'y a que trois jours que nous sommes en mer et on aurait déjà plaisir à voir un peu de terre. Cette nuit nous passerons à hauteur de Casablanca.

Mardi 1er juin.

Toujours très belle mer, température très agréable ; la gaîté est revenue tout à fait à bord. Un peu d'intimité commence à fondre les passagers jusqu'alors divisés en trois groupes : les administrateurs, les commerçants, les officiers.

Hier soir, à l'occasion du tirage d'une tombola organisée au profit des marins, petite réunion mondaine ; il est inutile de dire que la fête avait été organisée par des dames. Comme compensation elles auront le plaisir (bien féminin) de sortir de leurs malles des toilettes charmantes. La toute jeune femme d'un administrateur a particulièrement eu un succès très mérité par sa grâce de petite brunette très mignonne ; les artistes masculins étaient très bons dans leur genre ; j'ai été tellement supplié que je me suis risqué dans une scie « le Désert ». A 2 heures du matin le commandant R. nous faisait absorber une dixième bouteille de maël agrémentée d'un sandwich. La collecte a été bonne, 350 francs pour la caisse des malades de la marine et 200 francs pour les matelots du bord.

Nous approchons de Dakar ; ce soir, vers 8 heures, nous aborderons ; il y a 8 jours que nous avons quitté la terre, c'est une étape sérieuse.

3 juin.

Hier, promenade dans Dakar ; Dakar offre assez le type de la ville coloniale, mais très améliorée ; à côté des maisons bien bâties avec presque le confort moderne, des bâtisses en planche, le tout sur des rues larges, ombragées de superbes ficus. La rade est superbe, très vaste, il y mouillerait une flotte entière, si la profondeur était suffisante ; mais, hélas ! un cuirassé y peut à peine entrer ; les sondages y ont été mal faits ! On comptait ne trouver à draguer que du sable et on est tombé sur de la roche ! Au large Gorie, ravissant clos de verdure et de rochers pittoresques, battus par les flots de tous les côtés ; du haut de la ville, la vue est superbe, les maisons et villas y sont bien aérées par la brise marine. La population de Dakar est, en dehors de 2 à 3000 Européens, entièrement sénégalaise ; le marché en donne une peinture vraiment intéressante ; les femmes à la silhouette élancée, distinguée même, ont une certaine grâce dans leurs draperies bleues ; l'or des bijoux qu'elles portent aux oreilles s'harmonise très bien avec le chocolat, ton noir, de leur peau satinée ; les enfants sobrement vêtus d'un léger pagne ont l'air éveillé et mutin. Les hommes, la plupart d'une taille élevée, bien campés et musclés, se ridiculisent trop souvent sous des vestons et redingotes européennes et prennent un air vraiment bizarre sous leur chapeau de feutre. Beaucoup, hommes ou femmes, arborent le parasol, ombrelle française ; c'est d'ailleurs un ornement utile et qui donne à son propriétaire, paraît-il, une distinction très appréciée chez eux.

Au marché, beaucoup de poissons, des arachides, du mouton, des jujubes et quelques bananes ; les nègres de Dakar sont surtout des pêcheurs, bons marins : ils possèdent en associations des embarcations à voile, tenant bien la mer, ayant une dizaine de mètres de longueur. Les jours où les bateaux font escale, ils convoyent les bagages et les passagers, et leurs enfants sillonnent la rade dans de grandes pirogues, pour demander aux Européens une pièce de deux sous, qu'ils vont chercher en plongeant au fond de l'eau.

Cette distraction assez rémunératrice est en même temps un excellent exercice physique qui les prépare très bien à leur métier de marin.

Les Européens ici font du commerce d'exportation ; de nombreuses maisons très vastes et très bien achalandées vendent à des prix raisonnables tous les produits manufacturés de l'Europe et les conserves des meilleures maisons. Les chevaux sont plutôt petits ; deux modèles cependant, un cheval un peu plus rablé et plus grand que les chevaux tonkinois et un cheval plus grand que nos demi-poneys de France ayant assez la silhouette des barbes ; il y a quelques bœufs porteurs dont la viande n'est pas forcément de qualité inférieure, à la condition qu'ils ne soient pas surmenés.

Un beau et confortable restaurant « l'hôtel de l'Europe » et de la glace toujours et partout.

Après avoir passé en touriste la journée à Dakar je rentre vers les quatre heures au bateau où nous avons embarqué quelques gradés sénégalais, accompagnés de leurs femmes et enfants. Cet embarquement est des plus pittoresques et leur installation à bord également. Un bon colonel ou capitaine de France, qui ne connaîtrait que les troupes métropolitaines, serait quelque peu surpris de voir ces troupiers avec lesquels nous avons fait la conquête de nos colonies d'Afrique. Qui croirait que ces gens affublés de grigris de toutes sortes, portant tous d'une façon différente les diverses parties de l'habillement et de l'équipement, qui croirait que ce sont quand même des gens disciplinés et avec lesquels on peut obtenir de la manœuvre aussi bien ordonnée que celles de nos meilleurs chasseurs à pied. Je les retrouverai là-bas au Tchad dans la brousse. J'espère bien n'avoir pas à renier l'impression favorable qu'ils me font, malgré ce désordre de tenue apparente ; la confiance et la franchise qu'on lit dans leurs yeux et aussi la rusticité même de la façon de vivre, les montrent solides, résistants, bien musclés sous le soleil qui commence à darder ses rayons avec une énergie intense, même à travers des nuages qui par moment tachent le ciel ; sous ce soleil tropical, la brise marine procure une sensation de bien-être que nos températures de pays européens ne nous offrent jamais.

Le casque est de rigueur, c'est une arme indispensable, dont il ne faudrait pas, paraît-il, croire pouvoir se dispenser depuis 6 heures du matin jusqu'à 6 heures du soir, même sous la pluie ; c'est une coiffure d'ailleurs assez légère et pas du tout encombrante lorsqu'on y est fait.

Le soir à 8 heures nous levons l'ancre pour filer vers Konakry où nous arriverons vendredi à midi.

Mais vers 9 h. 1/2 un bruit insolite emplit tout à coup les cales des chaudières ; et subitement notre bateau stoppe.

Nous sommes en plein océan, la nuit est sereine et la mer est calme, un léger balancement a succédé au mouvement rythmé du navire. Le plateau supérieur d'un cylindre s'est brisé et on a dû arrêter notre marche ; l'inquiétude est vite calmée. On répare sommairement en attendant qu'une pièce de rechange puisse être remise en place, et, vers onze heures, nous reprenons notre marche, mais nous ne filons plus que 9 à 10 nœuds ; un courant nous aidera d'ailleurs et nous porte vers Konakry ; grâce au mouvement, la chaleur des cabines diminue rapidement et le voyage continue avec sa monotonie reposante ; c'est un doux farniente, bercé par le bruit de la lame que fend avec une grâce harmonieuse la proue du bateau.

Konakry, 5 juin.

Notre escale ici se prolonge pendant la réparation de notre machine ; la chaleur est intense, mais la mer

est belle sous un ciel ouaté de nuages menaçants; le
soleil qui se couche colore le ciel, la mer, la terre de
couleurs ravissantes, les ombres ont toutes les teintes
de violet, de vieux rose; les verts les plus chatoyants
peignent les palmiers, les manguiers, les bananiers, et
à l'horizon les ors du couchant ont une richesse mer-
veilleuse; l'aspect est féerique quel que soit le côté où
les yeux regardent. Mais quelle chaleur!... Si elle est
très supportable sur le pont il n'en est pas de même
dans les chaufferies; là c'est l'enfer, où travaillent
15 à 20 hommes nus, au satané cylindre qui a causé
notre avarie; là toute la nuit on va peiner sans être sûr
d'arriver à un résultat. Les hommes suffoquent par 45
et 48° de chaleur; un peu mécontents quelques-uns
veulent se retirer, mais tout le monde paie de sa per-
sonne. Le commandant y reste jusqu'à 3 heures du
matin et soutient l'énergie de chacun par sa volonté
ferme et aussi par quelques verres de tafia ou de
bière.

Visité ce matin Konakry; ravissante agglomération
de villas enfouies dans une verdure intense; les rues
larges sont ombragées et suivies par de petits Décau-
ville. Ici chacun a son petit wagonnet qui lui permet,
grâce à des quantités d'aiguillages, d'aller rapidement
et sans fatigue (sauf celle du nègre qui pousse le petit
wagonnet) d'un bout à l'autre de la ville très étendue;
le pousse-pousse est aussi en faveur.

Le port, très petit, a l'air assez fréquenté par les
cargos qui apportent de tous les postes européens des
denrées d'exportation et en retirent des ananas, des
bananes, le caoutchouc, etc.,... Une surprise naïve:
assis avec un camarade à la terrasse d'un café où
j'envoyais quelques cartes postales, j'aperçois trois
jeunes négresses ridiculement habillées à l'européenne
et avec le plus mauvais goût, et m'étonnant un peu

j'interroge le patron de l'hôtel?... « Ce sont des Anglaises! » Oh! jeunes miss anglaises aux cheveux d'or! ne vous effarouchez pas de cette assimilation. Il voulait dire que c'étaient des indigènes de Sierra-Léone; mais c'est égal le rapprochement des idées provoqué par cette réponse m'a surpris un peu.

A 3 heures bonne nouvelle! les malheureux chauffeurs et mécaniciens sont arrivés à un premier résultat; le plateau du cylindre est réparé; mais tiendra-t-il? C'est ce que nous allons voir tout à l'heure quand on aura démarré.

Tabou, 8 juin.

Nous avons mouillé hier en face Tabou pour prendre des nègres et réparer notre avarie qui a fait des siennes. La côte plate, bordée de sable, est couverte de forêts au milieu desquelles ont poussé quelques factoreries, est rendue difficilement accessible par une barre assez sérieuse. On la voit du bord briser ses rouleaux d'écume sur les roches rouges d'hématite; malgré elles, des embarcations indigènes à la convexité spécialement étudiée risquent le passage à force de pagaies, pour amener à bord des « Kreu-mers », nègres enrôlés ici pour aider à Libreville et à Cap Lopez au débarquement des marchandises et à l'embarquement du bois et du caoutchouc. Dans une jumelle on croit à tout instant qu'un rouleau les a brisés, ils disparaissent dans le creux profond de la lame; puis tout à coup on les voit reparaître sur le faîte d'une lame, se démenant et s'agitant en cadence; leur installation à bord ne se fait pas sans cris, hurlements, bousculade, leurs caisses tombent à l'eau; mais rien n'est perdu car, excellents nageurs, ils plongent aussitôt; mais les provisions en sont quelquefois un peu endommagées. La plupart portent pour tout vêtement un pagne et leurs corps bien musclés, bien charpentés promettent du bon travail. Ils s'installent où ils peuvent sur le pont au milieu des treuils, des cordages ; les tirailleurs les voient venir un peu avec dégoût, car il va falloir un peu plus s'entasser.

Le soir, les passagers (hommes de 1re classe), fondus dans un intimité cordiale fêtant le débarquement prochain à Grand-Bassam de l'un deux, agent de société à la Côte d'Ivoire ; le champagne coule à large bord au milieu de chansons montmartroises, des chœurs les plus variés jusqu'à 11 heures du soir. Chacun essaie de rétablir l'équilibre aqueux de son individu mouillé comme une éponge par la douce chaleur tropicale ; la pomponnette passe encore à l'absorption, mais les boissons tout de bonne qualité et ce matin malgré le sommeil tiède qui a pu nous reposer, les bouches ne sont pas trop pâteuses.

Grand-Bassam, 10 juin.

Mouillé en mer à 1/2 mille du varf on embarque des tirailleurs et débarque quelques passagers au moyen des grues ; car la barre est méchante et aucune embarcation ne saurait se risquer à la passer. La houle très forte n'aide pas à ces opérations qui se prolongent jusqu'à 10 heures du matin.

A bord, depuis le départ nous voyageons avec pas mal de commerçants allant au Congo ; ce sont pour la plupart des employés de sociétés concessionnaires ; et très souvent ces jeunes gens, intelligents, très énergiques, nous permettaient de causer sur des questions très intéressantes et surtout très brûlantes : leur vie et leurs affaires aux colonies avec et surtout malgré les administrateurs et les militaires ; le Congo a été, il y a une vingtaine d'années, cédé à des sociétés dites concessionnaires qui se sont partagé le sol et tous les produits qu'on y trouve avec le monopole de l'achat et l'exploitation de tout ce qui y vit, y pousse ; ce monopole leur était accordé pour 3o ans seulement. Ils ont donc cherché à tirer le maximum de la part qui leur était réservée sans aucun souci de l'avenir. Les administrateurs ou les militaires, au contraire, ont pour mission de développer la civilisation, la richesse du pays qui leur était confiée ; il était donc sûr qu'une lutte entre ces deux partis devait naître et venir aux uns comme aux autres.

Tandis que les concessionnaires essayaient d'avoir la main-d'œuvre et les produits indigènes au meilleur marché en maintenant l'indigène dans l'abrutissement, les administrateurs défendaient les noirs contre l'Européen. Quant aux voies de communication, inutile d'en parler, ni les uns ni les autres ne s'en occupent, il en fut de même de toutes les constructions d'utilité publique ; ainsi, au total, le Congo, une de nos plus vieilles colonies, si on écoute les discussions des uns et des autres, est encore dans un état pitoyable de barbarie et, pour ainsi dire, inaccessible aux colons comme aux commerçants. Cependant un courant de réaction commence à modifier cet état de choses. Les concessionnaires sont obligés de plier sous la direction des administrateurs et officiers sélectionnés, et ce pays, refuge des phénomènes les plus extraordinaires de la société, va prendre un essor que par sa richesse il mérite bien.

12 juin, dans le golfe de Guinée.

Midi ; une tornade passe. La pluie tombe avec fureur, le ciel est obscurci, on allume à bord. La sirène pousse des gémissements de bête affolée ; mais la vie à bord continue, tranquillisée par les pulsations bien uniformes des machines qui nous font filer 15 nœuds, car on veut rattraper le temps perdu.

Hier nous avons débarqué à Cotonou quelques camarades et pas mal de passagers (le l' F. entre autres), excellent camarade que je retrouverai peut-être au Zinder ou au Tchad.

Un coup tonnerre, la tornade persiste.

14 juin.

Au passage de l'Équateur. — Arrivé hier soir à Libreville nous avons passé la nuit ; mouillé à un mille du rivage ; nos machines se sont décidées à vouloir bien remarcher, mais nous avons 3 jours de retard. La température est plus agréable ; les tornades ont cessé ; nous sommes en saison sèche ici.

Le débarquement et l'embarquement se font ici en pirogues à pagayeurs et surtout en baleinières remorquées par un petit bateau très coquet, « La Gentille, » qui donne immédiatement du pays une impression de civilisation avancée ; mais il n'en est rien en réalité ; car 300 mètres à l'intérieur des terres on tombe dans la brousse.

Libreville est construite tout entière sur le bord du rivage et a à peine 100 mètres de profondeur. Au delà est la végétation intense, impénétrable, paraît-il ; et surtout impénétrée à cause de l'incurie du gouvernement qui n'a jamais donné à cette colonie les moyens de civiliser ce pays. Le Gabon, moins que toute autre de nos colonies, est encore entièrement vierge, sauf quelques petites factoreries.

Haut-Goué. L'impôt n'y est pas très facile à faire rentrer, semble-t-il ; une colonne d'une compagnie et deux paquets de miliciens s'organisent, paraît-il, à Cap

Lopez où nous arriverons cette nuit. Des officiers sont montés à bord pour aller jusque-là. Ces quelques fusils vont faire une tournée de police devant laquelle les villages disparaîtront et derrière laquelle les indigènes se reformeront aussi récalcitrants qu'avant. Que n'installe-t-on pas petit à petit des postes qui progressivement occuperaient le pays ; y créeraient de larges pistes, des villages, y habitueraient peu à peu l'indigène à notre contact ; ils donneraient chez ces sauvages le besoin de nos produits, de nos denrées ; colonie la plus riche peut-être de l'Afrique elle ne produit pas le millième de ce qu'elle devrait rapporter ; mais il faudrait d'abord pour obtenir un résultat sérieux commencer à faire la conquête et surtout l'organiser.

Cet après-midi, à l'occasion du passage de l'Équateur, grande joie sur le pont ; on se douche réciproquement avec les baquets de bois ; c'est le baptême de la ligne ; mais l'eau est tiède et sèche vite, et c'est une distraction bien inoffensive qui ne peut rendre que plus intimes les relations du bord.

15 juin. — Cap Lopez.

Fais connaissance ce matin avec la brousse, mais très peu ; car derrière Cap Lopez, c'est-à-dire à 100 mètres à peine de la mer, des fondrières très dangereuses et des buffles non moins dangereux, paraît-il, doivent obliger l'Européen à beaucoup de prudence ; quant aux noirs, ils ne s'aventurent pas dans l'intérieur en dehors des rives de l'Ogoué. Cette rivière, d'après les renseignements recueillis, très navigable, est la seule voie de pénétration à l'intérieur.

Nous débarquons ici depuis hier soir des tonnes et des tonnes de sel, de bimbeloteries, d'étoffes, que la compagnie concessionnaire du Haut-Ogoué échangera de ses factoreries contre du caoutchouc et de l'ivoire ; au retour notre bateau doit embarquer des billes de bois d'essences précieuses, visité à terre une factorerie ; bâtie sur pilotis, entourée d'une large véranda ; ces logements sont assez confortables. Les magasins de détail tiennent à peu près tous les objets et denrées de France et à des prix abordables.

L'escale ici est pénible ; la chaleur n'est pas très intense ; mais la réverbération du soleil sur l'eau immobile est implacable. On a mis des toiles pour préserver les cabines et les salons de la poussière du charbon ; la mobilité et le bruit incessant des treuils sont énervants ; on commence à se trouver idiot de cette vie végétative ; car depuis longtemps toute la littérature du bord est épuisée et les conversations deviennent languissantes ; on s'ingénie tout de même pour réagir contre la torpeur à trouver quelques facéties nouvelles pour distraire ses compagnons de traversée. La pêche au requin ne donne aucun résultat, on attache à l'extrémité d'une ligne un godillot et cette plaisanterie très vieille fait rire un peu ; le sommeil également occupe un peu ce temps inutilisé ; mais le réveil du bon bain de sueur est plutôt désagréable ; le jeu, même le poker, n'a plus d'adepte, le bridge à plus forte raison, tout cela parce qu'on s'immobilise ; tout à l'heure, dès que les machines auront repris leur vie, le battement cadencé des pontons fera aussitôt disparaître ce désagréable état d'énervement.

17 juin.

Depuis ce matin 8 heures, nous rencontrons l'estuaire du Congo ; nous sommes passés des eaux vertes de l'océan aux eaux rouillées du fleuve ; le courant est assez fort, aussi notre vitesse est bien diminuée malgré les efforts de la machine ; à Bassam (belge), nous prenons un pilote qui va guider le bateau à travers la passe assez étroite en certains endroits. Le fleuve est immensément large ; mais souvent nous côtoyons des îles couvertes d'une végétation abondante de palmiers, de lianes, la vie animale y semble impossible, peu d'oiseaux même ; quant aux fauves, ils n'y sauraient vivre, le pays étant un véritable marécage. Au delà de la Téhche, roche, poste portugais sur la rive gauche, la forêt fait place à une plaine immense, où on distingue des cases et des troupeaux de vaches (genre hollandais).

Puis nous arrivons à Bonna, le port belge, résidence du gouverneur. Nous nous trouvons en face d'une ville très étendue, très habitée par des Européens actifs. La comparaison entre cette ville et nos capitales d'Afrique n'est malheureusement pas en notre faveur.

Le fleuve se resserre peu à peu en entrant dans la montagne et nous sommes dominés bientôt par des roches immenses, qui au coucher du soleil prennent des tons violets foncés d'une majesté imposante ; l'eau aussi devient sombre et noire, secouée par endroits de remous menaçants. Nous passons à toute force de nos machines le Chaudron où le courant resserré a une intensité violente et nous arrivons à Matadi à la nuit noire, sans pouvoir nous rendre compte d'une façon précise de ce qu'est cette ville. Des lumières qui s'allument dans la nuit en s'échelonnant en hauteur nous permettent de voir que cette ville est acculée à la montagne. Aussitôt mouillé, notre bateau est envahi par les Européens. Notre traversée de 24 jours est terminée ; après les opérations plus ou moins longues de la douane, dont l'amabilité des employés nous simplifie le débarquement très rapide, les bagages sont transportés à la gare pour partir sur Brazzaville samedi matin. Nous nous mettons en quête d'un hôtel ; mais toutes les chambres sont déjà prises et nous mangerons et coucherons encore à bord jusqu'à notre départ.

Matadi est accroché à la montagne et ici, comme dans les villes déjà vues sur la côte occidentale d'Afrique, toutes les maisons sont construites sur pilotis, élégantes et assez confortables ; des hôtels, des factoreries, quelques établissements de service public ; ces constructions sont plantées sur les rochers qui dominent le fleuve ; aussi chacun a-t-il un petit chalet d'où l'on peut admirer un panorama ravissant ; à ses pieds, le fleuve où repose l'*Afrique* et quelques petits bateaux et pirogues ; à droite et à gauche des collines boisées ou couvertes de hautes herbes, peuplées de villages indigènes ou de factoreries et à l'horizon le fleuve qui disparaît encore dans les grandes roches noires du Chaudron.

La milice indigène a bon air et belle tenue ; les gradés belges ont des allures de capitaine avec leurs trois galons d'or ; toute cela manœuvre avec goût et suivant les anciennes formules.

19 juin.

De Matadi à Thysville ; assez confortables sont les wagons de 1re classe du petit train qui nous emmène avec nos tirailleurs et nos bagages vers Brazzaville. Tout d'abord, la voie ferrée s'engage à travers les précipices, les ravins profonds, couverts de végétation tropicale et tantôt par des crêtes de hautes herbes. Des ouvrages d'art merveilleux ont triomphé des difficultés de la nature ; mais que de courbes et de tournants ! Nos locomotives, qui peinent beaucoup, font toutes les demi-heures de l'eau dans de petites encognures de la montagne où se sont élevés de petits villages de cases nègres; peu de colons et de Français; tous les services sont tenus presque tous par des Sénéglais venus ici travailler; car le nègre n'en a pas encore senti le besoin.

A partir de San-Gololo, nous sommes preque tout le temps dans une région découverte, une sorte de savane couverte de hautes herbes qui, poussées à la saison des pluies, se sèchent rapidement et s'enflamment facilement; aussi très souvent traversons-nous de petits incendies et derrière nous les bords de la voie sont en flammes.

Les indigènes accourent le long de la voie et nous saluent avec de grands cris joyeux. La vie animale a disparu le long de la voie ferrée; pas d'oiseaux, pas de fauves; ils ont fui pleins de terreur au bruit et à l'odeur des chemins de fer. La température est très supportable; c'est l'air oxygéné de la montagne; aussi à Thysville, par 740 mètres d'altitude, devons-nous dès notre arrivée à 5 heures du soir nous couvrir prudemment.

Descendus à l'hôtel de M. Pobo, nous trouvons chambres, lits, toilettes, table d'hôte très appréciable sous tous les rapports. La cuisine belge nous change un peu de la nourriture du bord dont nous avions trop l'habitude.

Thysville, très important comme station de chemin de fer, a aussi également une importance commerciale, de nombreuses factoreries portugaises, des établissements belges; un sanatorium pour les employés des États indépendants. C'est une station en voie de progrès; nous y passons la journée du dimanche. En promenade à pied aux alentours des villages, je fais connaissance avec la brousse de hautes herbes.

Demain nous partons à 6 h. 45 pour Brazzaville ; le petit train nous conduira jusqu'à Kinshassa où nous descendons pour traverser le Pool en bateau.

22 juin. — Brazzaville.

Achevé hier le voyage qui nous a amenés à Brazzaville. Le train a continué à nous amener à petite allure à travers les plaines, plateaux couverts de hautes herbes. Très souvent le paysage offre absolument l'aspect des campagnes de France ; mais avec une végétation bien différente ; seules les fougères y représentent la flore de France. En quelques endroits des champs de manioc, une mission belge cultive même de l'orge et du maïs, et là on se croirait dans les vallons de France. A Kinshassa, on débarque les bagages, pour les embarquer sur un chaland qui, remorqué par un petit vapeur, va nous faire traverser le fleuve. C'est au milieu des cris, des bousculades des noirs qui gesticulent à qui mieux mieux que nos malheureuses caisses sont secouées et jetées sans grande délicatesse les unes sur les autres sans souci de leur poids et de leur fragilité ; mais il n'y a pas à essayer de faire des observations ; mieux vaut ne pas regarder. Je prends quelques photos pour ainsi conserver les vues de superbes baobabs dont les troncs sont monumentaux. Le Congo est assez large ici et son courant n'est pas trop rapide ; l'eau est d'un rouge sale et en aval on aperçoit Léopoldville à hauteur des chutes qui écument au loin sur les roches noires. Brazzaville s'offre à la vue sous l'aspect d'une ribambelle de factoreries cachées dans la verdure ; sur la colline peu élevée, l'église ; des sentiers comme rue ; Brazzaville est encore en pleine brousse.

Le Tchas, camp des militaires, est assez près de la douane où la sage et prévoyante administration a placé quantité d'employés inquisiteurs. On dépose ses armes et munitions. C'est le gouverneur général qui nous autorisera et moyennant finances à les emporter.

Peu d'officiers, le colonel, deux ou trois capitaines, major, adjudant-major, adjoint, etc., avec une trentaine de tirailleurs, telle est la garnison de la capitale, civile et militaire du Congo, Gabon, Oubangui.

On nous apprend, dès notre débarquement, que dans tous les coins du territoire il y a agitation et effervescence. Pauché, un de mes camarades de promotion, vient d'être blessé ; Soufflet tué, Comblois et Pombel également blessés.

Malheureusement le pays n'est pas organisé, même aux environs immédiats de Brazzaville, et surtout il n'y a pas de troupes. Les compagnies sont à 150 kilomètres, au maximum, et il y en a tout juste quatre pour tenir un pays grand comme plusieurs fois la France. Si les noirs voulaient s'organiser et voulaient nous massacrer en moins de 15 jours, il n'y aurait plus de blancs au Congo ; ils nous avaleraient en une bouchée ; on a prétendu trop tôt le pays pacifié, on n'a rien organisé comme voies de ravitaillement, pas de postes. Les administrateurs sont isolés et ne peuvent circuler autour de leur poste ; quant aux petits détachements de Sénégalais d'effectif absolument dérisoire, à chaque sortie ou promenade en dehors de leur poste ils risquent d'être tués sans pouvoir lutter un instant seulement.

Du petit nombre d'officiers venus de France avec moi, E... partira le 25 pour le Haut-Oubangui remplacer un camarade blessé le 5 juin. Quant au capitaine M... G... A... et moi, nous partirons probablement le 29 pour le Nord ; nous nous séparerons à Bangui. Le capitaine A... G... vient constituer avec les Sénégalais une 4ᵉ compagnie à Vjelé. Le Tchad enverra-t-il quelques troupes vers les régions agitées ? Mais il y aura peut-être aussi beaucoup à faire dans nos postes ! Car les nouvelles se répandent vite en pays noir et encore plus vite en pays arabe, et ces succès seront vite colportés pour agiter les populations.

A bord du *Commandant-Lamy*, sur le Congo, vers Bangui.

La compagnie du capitaine M... G... A... et moi avons embarqué ce matin pour Bangui sur le *Commandant-Lamy* des Messageries fluviales réquisitionné pour notre transport. Le voyage durera 10 à 11 jours. La vie du bord reprend avec ses longues heures d'oisiveté délicieuse. Le pays n'est peut-être pas très varié ; à droite la rive belge, à gauche la rive française, toutes deux montagneuses et boisées. Le bateau suit un chenal qui nous porte de l'une vers l'autre ; assez souvent nous nous approchons suffisamment pour admirer la forêt équatoriale, peuplée d'oiseaux de toutes sortes ; nous verrons, paraît-il, des éléphants, des antilopes, des caïmans. Pour le moment nous croisons des vaisseaux anglais, belges, qui sillonnent le fleuve aux rives si riches en ivoire, caoutchouc, etc. Une ou deux fois par jour nous nous arrêtons une demi-heure pour nous réapprovisionner de bois de chauffage pour la machinerie.

Le capitaine M... déballe un phonographe, qui pourra nous rappeler les pays civilisés, aux sons d'une musique un peu nasillarde, mais très agréable quand même ! Les repas à bord sont bons, assez copieux et l'appétit ne fait pas défaut.

Un peu paresseux à Brazzaville, je n'ai pas consigné une visite aux rapides du Congo, à la mission

des Pères. Les rapides du Congo sont à 6 ou 7 kilomètres en aval du Tchad à l'embouchure du Djané ; le
fleuve passe en écumant à travers des roches noires
et par les petites cataractes de 5o à 8o mètres de hauteur, l'aspect de ces rapides n'est pas très imposant,
mais intéressant ; car là se trouve une quantité énorme
de chutes qui pourraient être employées et transpor-
tées sous forme d'électricité à travers notre colonie.
L'avenir, j'espère, utilisera cette houille blanche ; mais
ce ne sera pas sans frais énormes qui, certainement, ne
seront pas sans fruits. Pour atteindre ces rapides, un
sechter sort de Brazzaville à travers le village Bolongo,
faubourg de la ville au sud ; puis traverse de petits
villages bien propres enfouis dans les bananiers. Les
constructions indigènes sont confortables et surtout
propres ; les habitants sont bien bâtis, fortement
lippus, le nez peu aplati et très noirs.

La mission des Pères est un chef-d'œuvre d'organisation, de travail intelligent et persévérant. L'église se
dresse sur la côte et domine de sa stature imposante et
simple le fleuve, la ville et la campagne environnante ;
j'ai pu voir M. A... causant avec des dames de Brazzaville.

Foule énorme à la messe, plus de cinq cents noirs
des deux sexes priant avec conviction. C'est là que les
bays apprennent le français et acquièrent leurs qua-
lités d'activité, de propreté ; on leur apprend à laver,
repasser, etc. Les sœurs exercent également leur salu-
taire influence sur les petites indigènes ; malheureusement sorties des mains des religieuses elles oublient
vite la morale inculquée et utilisent volontiers leur
connaissance de la langue française à un usage peu
moral ; c'est chez elles que se recrutent les maîtresses
des Européens (?). D'ailleurs la chose n'a pas l'importance apportée en France à cette considération ; car

l'indigène achetant sa femme il ne leur semble pas immoral que l'Européen en fasse autant. Aussi les métis pullulent, leur teint plus clair, café au lait, qui s'étend jusqu'aux cheveux, en fait des blondes assez curieuses et ne manquant pas de grâce.

30 juin.

A hauteur de l'embouchure de la Tipini, le fleuve s'élargit ; il sort du long couloir montagneux et boisé que nous avons suivi depuis Brazzaville. Le soleil donne avec assez d'énergie ; car nous quittons la région des saisons sèches pour entrer dans la région des saisons de pluies. La brume disparaît de bonne heure et avec elle la fraîcheur délicieuse de la nuit. Ce matin, à 7 heures, nous avons fait du bois à un petit poste dressé en pleine forêt ; descendu à terre avec mon fusil, je me suis promené sous les vastes ombrages de la forêt. Pas de gibier, quelques oiseaux ; mais les arbres sont superbes ; sur des racines sortant du sol à 3 ou 4 mètres s'élèvent des fûts de 5 à 6 mètres de circonférence qui s'élèvent à des hauteurs invraisemblables ; à terre et aux pieds des arbres, les lianes s'enchevêtrent en des fouillis inextricables. Cet après-midi et demain surtout nous verrons, paraît-il, quantité de singes et de crocodiles ; hier, j'ai tiré un premier caïman ; il dormait paisiblement au soleil, en bordure du fleuve ; pas bien long (1ᵐ,20 environ), la gueule ouverte, le corps d'un vert très pâle ; un noir du village le signalait à des sous-officiers qui se promenaient également ; j'armai mon fusil ; au coup de feu, l'animal sauta en l'air, tel un poisson sorti de l'eau et jeté sur la berge ; mais après plusieurs soubresauts pendant lesquels je tirais un nouveau coup de fusil, il arriva à glisser dans l'eau où il disparut. Le premier coup de fusil (chevrotine 16) a dû lui faire des blessures mortelles, mais l'indigène ne manquera pas de le sortir de l'eau après notre départ et il sera mangé avec appétit, car les noirs sont très friands de la chair du caïman. Nous avons passé la nuit à l'embouchure de la Kaïsa, affluent belge où s'élève un poste de douaniers (Bakoba) où un seul douanier européen est installé avec mission de surveiller (!!!) le fleuve de Brazzaville à Bangui, soit 1500 kilomètres de surveillance. Il est bien portant et ne s'ennuie pas quoique un peu isolé dans ce poste perdu.

2 juillet.

Depuis hier nous sommes dans la partie où le Congo offre sa plus grande largeur; il est semé d'îlots de toutes dimensions; nappe d'eau immense sous le soleil ardent, la réverbération y est pénible et lorsque le bateau se rapproche des taches de verdure que forment les îlots couverts d'une végétation fantastique, l'œil se repose avec plaisir. Le soir au soleil couchant une ombre légère s'élève et donne au fleuve un aspect laiteux, d'une coloration variant du violet le plus pâle au bleu le plus tendre, tandis que la verdure de la forêt prend un velouté où le vert s'harmonise avec le violet et le vieux rose. Mais une fois le soleil entièrement disparu, alors la lune éclaire presque aussitôt le ciel de son disque d'argent; le fleuve devient d'argent mat que les îles tachent en noir d'encre. Ces différents aspects sous lesquels se présente successivement le fleuve sont féeriques et surprennent autant qu'émerveillent. La nuit quoique un peu encombrée de moustiques a été pittoresque au milieu du fleuve, à 100 mètres d'un îlot inhabité, sauf probablement par des hippopotames, des caïmans et toutes sortes de variétés d'oiseaux d'eau de toutes tailles.

Ce matin le voyage continue dans le même cadre.

Nous tombons à différents postes de bois; on y trouve chaque fois quelque chose de curieux à noter pour un touriste qui voudrait ne rien oublier de ses impressions; hier c'était une mission anglaise; là les indigènes sont vêtus de vêtements pudiques et chastes.

En territoire belge nous nous arrêtons un instant pour faire des provisions, canards, cabris, poulets, etc. On nous offre de charmantes cornes en ivoire (5o francs, c'est donné); nous nous arrêtons chez un chasseur d'éléphants; aussi sauvage que les gens avec lesquels il vit depuis plusieurs années. Il est installé sur une pyramide d'éléphants massacrés; dans une mare empuantée pourrissent deux têtes d'éléphants portant encore les défenses, puis un peu plus loin une installation moins rudimentaire; un colon, agent d'une société concessionnaire, vient au bateau suivi d'un petit éléphant très docile. L'après-midi je passe mon temps tantôt à écrire sur ce pays, tantôt à aller sur l'avant du bateau chercher des yeux un caïman sur le sable, quand nous nous rapprochons suffisamment des rives.

3 juillet.

Accosté hier soir pour passer la nuit à Kouda, joli petit village à l'ombre d'immenses palmiers; mais la visite du village manque tout à fait de charme, sinon de pittoresque. La nuit avec sa brume épaisse est tombée lorsque nous descendons à terre; une odeur infecte de viande pourrie infeste l'air, mêlée à une fumée âcre de chair grillée et fumée (boucanée comme on dit ici). On a tué il y a quelques jours plusieurs éléphants, l'agent de la concession, le blanc, a partagé la viande au village; mais on a dû quand même en jeter une bonne partie au fleuve, car l'indigène ici ne trouve jamais la viande assez faisandée. Dans chaque case, grille un morceau d'éléphant sur un petit feu bien fumeux, et auprès se dresse la stature imposante de grands nègres dont les yeux brillent avec une sauvagerie intense au plaisir de savourer bientôt un mets différent de leur manioc habituel. Leur silhouette est encore rendue plus cannibalesque sous la lune qui se lève au-dessus du fleuve. Mais que cela sent mauvais! et toute la nuit nous allons respirer ces parfums peu enivrants, qui ont attiré d'ailleurs en masse les moustiques, et toute la nuit aussi nous entendons le tam-tam de réjouissance au son duquel les indigènes se mettent à danser le long répertoire de leurs pas plus ou moins gracieux.

Les tirailleurs descendus à terre participent un peu à la fête; mais leur danse est plus originale. Ils s'amusent à exécuter sans arme quelques mouvements d'ensemble de section à la muette : ce sont de grands enfants. De notre côté, nous faisons marcher le phonographe du capitaine; mais un bateau est signalé pendant que nous prenons le café au son de la makchiche. De ce bateau monte à notre bord le commandant G., F., lieutenant de ma promotion, et l'adjudant S... Ils reviennent de la petite colonne qui vient d'opérer du côté de B'Goïla, sur les frontières du Cameroun. Le commandant n'a pas été blessé, mais revient en France ses convois terminés; F. a une blessure au bras et porte encore la tunique kaki glorieuse percée de trous; l'adjudant S. marche avec des béquilles, blessé à la jambe; ils sont heureux de nous voir, de retrouver un peu de confortable. Et puis, ils sont encore tout imprégnés de gloire; nous les pressons de questions et ils sont contents de nous dire les souffrances supportées dans ce pays de la faim où les indigènes font le vide et se cachent derrière les arbres pour jeter une balle meurtrière sur le blanc qui vient les visiter sous prétexte de civilisation ; mais ces camarades contents de rentrer en France ne sont pas égoïstes, ils nous souhaitent à nous de la gloire. L'adjudant me donne quelques tuyaux sur le Tchad, qu'il connaît pour avoir fait la colonne du commandant Julien il y a un an là-bas ; ce serait, paraît-il, la guerre de contre-rezzou, et aussi la vie des oasis, Sud-algérien.

4 juillet.

Hier à 3 heures, tué une aigrette ; escale de 1 heure à Lou Kolelo, chef-lieu d'un territoire aussi vaste que la France. 36 blancs l'administrent gardés par une quinzaine de miliciens ; une grande place débroussaillée, quelques cases européennes, un kiosque à musique, en attendant qu'une musique municipale y joue, on y entend le soir quelquefois un phonographe éraillé.

Passé la nuit à Jebrou, la Sadame du Congo. A l'arrivée du bateau des cris de joie partent de la rive couverte d'indigènes mâles et femelles vêtus très sommairement.

Nous descendons à terre ; le village s'étend le long de la rive sur une très grande ligne de cases. Des femmes noires circulent au milieu des matelots (indigènes) et des tirailleurs ; quelques-unes attendent les clients au coin du feu. Dans une case j'entrevois une sorte de lit luxueusement recouvert de tentures aux couleurs encore criardes à la lueur d'une lampe fumeuse. De larges cuvettes témoignent de la propreté de la propriétaire ; mais il y des infections que la propreté ne guérit pas ; aussi, malgré le jeûne prolongé, malgré l'obscurité relative qui adoucit les formes, malgré même la silhouette assez distinguée des personnes, nous persévérons dans notre chasteté. Quelques sous-officiers n'y résistent pas, et s'enfoncent sous les grands palmiers; à les voir bras dessus, bras dessous, c'est une réminiscence des bals champêtres et des fêtes de nuit en France. D'ailleurs j'insiste pour les excuser sur cette constatation que les formes et, en particulier, le visage a une certaine distinction, le nez peu épaté, les lèvres sont épaisses, mais la bouche serait peut-être jolie à condition de ne pas l'ouvrir et de ne pas laisser voir les gencives édentées; leur coiffure est très européenne; elles portent une raie médiane et des sortes de crépons sur les tempes retombant derrière la tête; une épingle en argent ou en métal blanc complète leur coiffure.

Les hommes sont grands et forts, peu lippus, le nez très peu aplati, ce qui leur donne un visage presque européen. La nuit est pénible, les moustiques donnent avec rage, la chaleur tombe difficilement, nous n'avons pas de trêve; les bruits de la terre ne cessent pas.

Ce matin, visité la mission Lirauga; deux pères très aimables nous font visiter leur exploitation; leur influence est grande dans le pays; ce sont les meilleurs agents de civilisation et de pénétration que nous avons eus jusqu'alors. Et ce n'est pas sans maladie et sans mort parmi eux qu'ils arrivent à ce résultat. Il y a huit jours ils ont enterré un des leurs.

7 juillet.

Le voyage continue un peu monotone; le fleuve Oubangui est encore très large et à 1 kilomètre la forêt peuplée de singes de toutes les espèces. Depuis le 4 juillet peu d'événements intéressants.

Nous avons croisé le gouverneur B... qui rapatrie

en France un capitaine du Tchad et quelques sous-officiers. Le capitaine S... m'apprend que très probablement je recevrai comme destination Ati, sur la frontière de Ouadaï. C'est un endroit où on échange assez souvent des coups de feu avec les razzieurs de caravanes qui viennent en novembre et décembre chercher des vivres dans le Haut-Oubangui. B... est resté au Kanem. Le capitaine G..., a eu maille à partir avec les gens du même genre du côté d'Abécher, c'est-à-dire de la même région à 200 kilomètres.

Aux différentes escales de bois, nous avons l'occasion de causer un peu avec les différents types de commerçants ; il y a des modèles tout à fait curieux : les uns se croient persécutés et s'enfoncent dans leur case, haïssant l'humanité. Hier soir à Boudaugo j'ai pris le champagne avec un phénomène tout à fait original ; il parle de sa concession, de ses travailleurs, de ses femmes comme un vrai roi ; il paraît regretter vivement que le gouvernement ne lui confie pas toute l'administration du pays où il est installé ; d'ailleurs il s'y connaît en tactique indigène. Vêtu d'un veston rouge, il aide ses travailleurs, de sinistres voyous. Comme un grand chef, il a des sentinelles devant sa porte. Nous sommes en pays d'anthropophages ; le type, lui, mange ses volailles. Il abandonnera le pays, pourquoi ? il ne peut s'en rendre compte ; mais il est convaincu qu'il ferait un excellent administrateur ; il attend une colonne de répression qui, guidée par lui, doit terrifier le pays !!!

11 juillet, en baleinière sur l'Oubangui.

Bercé par le balancement de la baleinière, le chant monotone des pagayeurs, rythmé par les coups de pagaies, je reprends mon journal interrompu par notre arrivée à Bangui où il a fallu nous bousculer un peu.

C'est le 8, vers 2 heures, que nous sommes arrivés à Bangui. Il fait chaud ! on débarque nos bagages, un administrateur se charge de nous loger. La compagnie M. et G. montera au Tchad. Nous, A... et moi ; l'adjudant A., sergents-major C..., B... et A... nous sommes pris en passagers pour être dirigés dès qu'on pourra vers le Tchad.

Installation sommaire, dès le lendemain, nous complétons nos provisions à l'administration : farine, viande conservée, un peu de vin ! Refermons nos caisses, car nous ne moisirons pas ici ; le lendemain, on annonce que nous serons remis en route et à 3 heures du soir nous embarquons nos caisses sur la baleinière. Nous conservons nos lits, une cantine, et ce n'est que demain matin que, après avoir passé les rapides de Bangui, nos pagayeurs vont nous mener pendant 8 jours sur le fleuve.

Bangui, tout à flanc de coteau, est un petit centre important au point de vue commerçant et au point de vue militaire et administratif. Quelques factoreries et le campement d'une compagnie de tirailleurs et des logements très sommaires pour les officiers; le gouverneur a une case peu confortable et ses administrateurs sont médiocrement logés.

La vue est splendide ! le quartier commerçant s'aligne sur une grande rue montante, ravinée par les pluies, mais très bien entretenue. En bordure du fleuve, un boulevard port de mer très bien tracé et planté de superbes bambous. C'est là qu'est installé le cercle enfoui dans la verdure : un coin très confortable et délicieux de fraîcheur. Peu de ressources à Bangui, on tue rarement du bétail. J'ai pris un bay, il a l'air un peu mou, mais il est solide, peut-être intelligent; ce qu'il sait faire, il le fait bien, c'est déjà appréciable.

13 juillet.

Hier, essuyé une tornade qui a tenu tout l'après-midi jusqu'à 8 heures du soir ; ce n'est pas drôle ; couché dans une case indigène peuplée de toutes sortes d'animaux : araignées, mulots, etc.

15 juillet.

Nous avons repris nos étapes en baleinière ; journée chaude, lourde, de l'orage qui ne crève pas. Les pagayeurs peinent un peu ; les rapides sont nombreux ; alors les pagayeurs se mettent à l'eau ; on tire sur la chaîne et après des efforts, des cris, cela passe tout de même.

17 juillet.

Hier, c'était le passage des rapides difficiles, nous sommes descendus à terre pour tirer des pintades, nous suivons la rive à pied et regagnons la baleinière au moment où elle passe le rapide de l'Éléphant.

18 juillet.

Le fleuve est encore très large ; les rives sont accidentées, couvertes de hautes herbes et semées de grands arbres. Nous arriverons aujourd'hui à Fort-de-Possel.

20 juillet.

Depuis le 18, nous sommes à Fort-de-Possel où nous attendons les porteurs qui porteront nos bagages jusqu'à Fort-Sibut.

Nous sommes restés jusqu'au 21 à attendre nos

porteurs; enfin à 7 h. 1/2, le 22, nous démarrons. C'est un coup de chien : 68 porteurs se précipitent sur nos caisses; c'est à celui qui trouvera le colis le plus léger; il faut mettre le holà et ce n'est pas sans cris! Puis le départ s'effectue, les porteurs s'échelonnent sur la piste; mais à 2 kilomètres du poste, nous commençons à patauger; au début, on évite les flaques d'eau et la boue, mais bientôt il faut en faire son deuil. On traverse carrément avec de l'eau jusqu'aux genoux; enfin aujourd'hui on se contente de bain ne dépassant pas la ceinture.

Le 23, le départ est plus matinal; à 6 h. 1/4 nous traversons de nouveau des marigots; mais ici c'est plus sérieux, les porteurs ont de l'eau par dessus la tête; ils passent sous l'eau, élevant leur colis au-dessus pour les préserver de l'eau; ce n'est pas seulement pour nos bagages, mais si les caisses prenaient l'eau, ce serait autant de plus à porter.

Je passe sur les épaules de mon capiton, un gaillard solide à face intelligente et franche avec de bons yeux qui le rendent immédiatement sympathique; plus loin j'entre carrément dans l'eau; j'en ai jusqu'aux épaules et la boue du fond du marigot est inquiétante. Enfin nous arrivons à 11 h. 1/2 à M'Bdou, très trempés. Ma cantine à effets ne tarde pas à arriver, je peux me changer.

25 juillet. — Port-Sibut.

Jour de repos en attendant le départ pour Fort-Crampel.

27 juillet. — Barda-N'goura.

Nous avons quitté Sibut le 26 à 7 h. 1/4 du matin; je prends au hasard un cheval, je colle ma feuille de

route dans ma poche et puis advienne que pourra!
D'ailleurs je n'ai pas à me plaindre de ma monture, un
tout petit cheval, mais ayant du sang.

Hier je déjeunais devant ma caisse de conserves et
savourais une aile de poulet sauté avec des flageolets,
lorsque j'entendis auprès de moi une pintade; je sautai
sur mon fusil pour la saluer, mais elle ne m'attendit
pas et volant d'arbre en arbre me fit faire 2 à 3oo mètres; je songeais alors à retourner à mon point de
départ pestant contre ce dérangement; je faisais donc
demi-tour et croyais prendre la route du poste, mais je
prenais une autre direction; pendant une demi-heure
je marchais à l'aventure, sans savoir si je m'approchais
ou m'éloignais du poste. Je sentis alors que j'étais
égaré. Quel parti prendre? Je montai sur un arbre,
enfin j'aperçois une fumée! et je tombe au milieu de
quelques misérables cases; je trouve deux femmes et
un vieillard et c'est en vain que je leur demande le
chemin du poste; ils ne comprennent rien à mes gestes.
Je me décide à suivre un sentier dans un sens, quitte
à le prendre dans l'autre sens, s'il ne mène pas au
poste. C'est ce qui m'arrive; je marche encore une
demi-heure et n'arrive à rien; je fais de nouveau le
tour du village et continue pour arriver, après deux
heures de marche, au poste avec les réflexions que
j'avais eu le temps de faire et qui n'étaient pas très
gaies, car étant parti vers midi, heure de la sieste, on
ne se serait aperçu de mon absence que le soir, c'est
pourquoi j'avais préféré marcher lentement, malgré la
nervosité naturelle qui me portait à marcher trop vite.
Je pouvais faire les plus mauvaises rencontres; soit un
fauve et je n'avais plus qu'une cartouche, soit ces excellents cannibales aux dents si bien aiguisées, pour lesquels j'aurais été un si bon déjeuner. Enfin à la vue du
poste, j'avoue que j'étais joliment content et heureux

de pouvoir achever mon poulet un peu froid et prendre un bon café, suivi d'une sieste réparatrice.

31 juillet. — Dekoi.

31 kilomètres. — Parti à 9 heures du matin seulement, les porteurs arrivés trop tard à 4 heures après-midi l'étape a été un peu dure; continuellement sous la menace de la tornade le pays toujours très verdoyant commence à lasser un peu; on se lasse de tout, même des plus jolies choses.

J'ai rencontré un caporal clairon (venant de Fort-Lamy) qui m'a annoncé d'un ton superbe : « Abécher est pris! » Quelques nouvelles de cette région et j'ai eu de quoi me distraire pendant le reste de la route.

Le poste de Dokoi, au confluent de deux petits ruisseaux ombragés de grands arbres, est très agréable. On y trouve des légumes verts, laitues, carottes, navets; avec cela on est tout de suite enchanté.

Je m'endors dans ma case non sans lutter un peu avec le bruit infernal que font les rats, habitants plus sédentaires que les blancs.

2 août.

Je rencontre M. M., administrateur, et le capitaine C..., l'un rentrant en France, l'autre auprès de son supérieur. J'obtiens de nouveaux tuyaux sur l'Ouadaï; Abécher est bien pris; mais Doudmourah, le sultan, a échappé avec tous ses gens et sans grand déchet. Aussi les razzies ne sont pas finies de bientôt et les contre-rezzo nous offriront peut-être des occasions de randonnées dans le bled; mais Doudmourah a peut-être avec lui 2 à 3000 fusils et c'est un chef de guerre puissant et sérieux; aussi le prendre sera difficile et serait un bel exploit vraiment tentant.

6 août. — Fort-Crampel.

Arrivé à 10 h. 1/2, longue étape à 10 kilomètres de Fort-Crampel, chutes de la Navana, la rivière encaissée dans les roches tombe en mugissant en cascades bouillonnantes de 10 à 15 mètres de haut. La brousse s'éclaircit, les herbes sont moins hautes, le terrain plus vallonné. Au pied de la colline, le Gribugui large de 30 à 40 mètres; c'est lui que nous allons prendre pour descendre ensuite par le Chari jusqu'à Fort-Lamy.

9 août.

Hier sont arrivés du Haut-Ouadaï le capitaine B... et le lieutenant L.... Nouveaux tuyaux sur le Tchad.

La giberne bat son plein; ils sont très intéressants et ont fait de jolies choses. L... a été blessé. Je leur confie mon courrier et une boîte de physique; demain nous embarquerons dans leur baleinière pour Fort-Archambault.

La mouche tsé-tsé abonde et pique; mais elle n'est pas contaminée heureusement; mais si la maladie du sommeil pénétrait dans ce pays, quel ravage !

Le lion, paraît-il, est venu grogner près de nos tentes; je dormais si bien que je ne l'ai pas entendu.

12 août.

La tornade commencée hier soir ne s'est terminée que ce matin à 4 heures. Quelle veine d'avoir eu un abri.

19 août. — Fort-Archambault.

Poste assez ancien tout au bord du fleuve large ici de 300 mètres. Une redoute défendue par un talus, un fossé sur lequel un pont-levis donne accès dans l'intérieur; autour un village de Sénégalais, les cases des passagers; une factorerie, un village indigène. Ici on rencontre les premiers Arabes au teint café au lait. Près le poste, des autruches, des antilopes apprivoisées se promènent en liberté.

A bord du Léon-Blot.

Parti hier à 10 heures après embarquement assez pénible. Le Chari à cette époque est très haut, large de 800 à 2000 mètres, l'eau jaune assez claire et limpide; les rives sont sablonneuses. Nous apercevons quelques hippopotames jouant au bord du Chari.

Sur la route de Fort-Lamy, Bokoro à 50 kilomètres.

Fort-Lamy.

De l'eau, inondations, effondrement partout. Camarades peu nombreux, mais très accueillants. Désignation immédiate pour Abécher! Veine!... Je dois m'attendre à partir tout de suite dès que les bœufs seront arrivés.

24 août.

Rencontré ce matin R... rentrant en France; il était à Abécher, il nous donne les derniers tuyaux, il est resplendissant de santé. Aujourd'hui étapes peu pénibles, peu d'eau, les marigots sont moins profonds; aussi les chevaux et les bœufs peinent moins que les jours précédents. Ce pays est vraiment le paradis des animaux; toutes les bêtes y sont représentées.

30 août. — Amadane.

Nous avons fait l'étape sous une averse continuelle; à l'arrivée, bêtes et gens étaient harassés. Le lendemain repos à Louko.

Bokoro, 5 septembre.

Douze jours d'étapes depuis Fort-Lamy ; c'est avec plaisir que je trouve un poste confortablement installé, de l'eau claire pour me nettoyer et du soleil pour sécher les cantines et leur contenu.

Bokoro à Yao, 13 septembre.

Quatre bonnes étapes : 1re étape c'est Bellila ; pasteurs de troupeaux, pas très riches en mil encore moins en bœufs et à la saison qui convient de sauterelles grillées ; aussi leurs cases elles-mêmes sont infectées de cette odeur désagréable ; c'est le pays aussi des moustiques ; dès 6 heures du soir, ils deviennent à ce point désagréables qu'on a hâte de se retirer sous sa moustiquaire où on en trouve encore ; mais la lutte est plus facile.

A la 2e étape nous entrons dans la plaine de terres noires. Yao est un poste jadis important ; de belles cases bien faites, grand village indigène. Un réduit est sur une boursouflure de terrain dominant la plaine ; un petit fortin avec un canon-revolver et un 80 de montagne. Actuellement une quarantaine de tirailleurs et un sergent blanc constituent toute la garnison. L'attention du commandement se portant actuellement du côté d'Abécher et du Ouadaï.

Att.

Les moustiques abondent, impossible de se promener, et, se coucher, c'est se plonger dans un bain de transpiration.

Abécher.

Paresseux certainement ; mais surtout disposant de trop peu de temps depuis Yao, il ne m'a pas été possible de rouvrir mon carnet de route. Tous les jours 8 heures de cheval coupé de 4 à 5 heures de sieste.

A Ati, j'ai passé une journée avec le docteur C..., le capitaine F... dont le poste est en tournée. Le malheureux C... ne va pas du tout, il se frappe et son moral déprimé n'arrive pas facilement à aider le physique à se remettre ; il fait une congestion du foie et une congestion pulmonaire, ne mange pas ; j'essaie de le remonter un peu avec du champagne ; mais demain je dois filer sur Abécher et la perspective de se retrouver seul sans vivres ; car les magasins de la Compagnie sont vides de vin, tafia, sucre, etc. La solitude où il va être replongé demain lui ôtera toute énergie.

Abécher, 15 septembre.

Hier soir, grande fête du rhamadan ! Sur le minaret du palais, lorsque la lune au coucher du soleil a déposé dans le ciel son fin croissant d'argent, aussitôt coups de canon, you-you, etc. Ce matin grande fête du sultan, foule énorme de la ville, de la plaine et venant de toute la campagne.

Le capitaine F... L... et moi nous dévallons à cheval suivis de quelques tirailleurs montés et portant des fanions tricolores. Nous allons sur la grand'place au-devant du sultan qui revient de la mosquée avec tous ses vassaux.

Le cortège est imposant. Des cavaliers isolés ; la milice en armes. Un aguid avec tous ses gens, à pied, à cheval, ses fanions. Derrière un 2ᵉ aguid même escorte. La masse des chevaux et des hommes est plus dense ensuite. Les porteurs de moustiquaires, la garde, la musique. Les ministres et leur maison. Le bouffon, les compagnies. Enfin, le sultan à cheval entouré d'une masse de serviteurs avec moustiquaires, la grande ombrelle verte au-dessus de sa tête. Il est impassible; le capitaine lui dit bonjour et nous l'escortons un instant. Derrière lui les autres aguids et leurs hommes. Le tableau est vraiment pittoresque. Défilé à l'entrée de la ville   sur la place sous les yeux du sultan qui se place à côté de nous, mouvements des sortes de combats, carrousels, etc. Saluts au sultan par les grands chefs seulement. Nous avons assisté avant la fête au défilé du harem, 80 à 100 femmes environ.

Rencontré C¹ B... qui depuis quelques mois était à Abécher; il est bien mécontent de rentrer à Fort-Lamy, il compte sur le nouveau colonel pour changer sa situation et nous dit qu'il espère revenir à Abécher.

À Abécher nous trouvons le colonel M..., le capitaine S.., le capitaine Fiegenschüh, mon nouveau capitaine, à peu près guéri de sa blessure qui lui avait brisé la mâchoire. Le lieutenant L.., récemment vainqueur d'un rezzou. B... qui a eu l'honneur de prendre Abécher devant son capitaine blessé et avec Delacommune, lieutenant d'artillerie nouvellement arrivé de l'Est.

Je vais prendre le commandement de la section montée qui compte une cinquantaine de tirailleurs et de 70 à 80 chevaux. Le capitaine me donne le commandement du cercle constitué par le sud d'Abécher; c'est-à-dire le Dar-Talamat, le Dar-Sila et les confins du Darfour; c'est un pays neuf, impénétré, qui sera très intéressant, mais où probablement je ne serai pas appelé à des opérations militaires sérieuses; mais le nord! c'est là que l'activité militaire devra se porter?

IMPRIMERIE E. CAPIOMONT ET Cie

PARIS
57, RUE DE SEINE, 57